AF325368

LES
BERGERIES
DE MESSIRE
HONORAT
DE BEUIL,
CHEVALIER,
SEIGNEUR
DE RACAN.

B.L. 1881.

LES ŒUVRES

DE M. HONORAT,

DE BEUIL,

CHEVALIER,

SEIGNEUR

DE RACAN.

Tome II.

A PARIS,

Chez ANTOINE URBAIN COUSTELIER,
Libraire-Imprimeur, Quay des Augustins

M. DCC. XXIV.

Avec Approbation & Privilege.

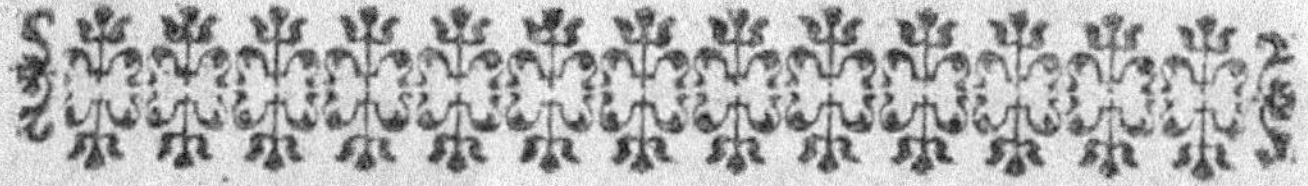

AU ROY.

SIRE.

Les Bergers qui vont faire le tour du monde ſous la conduitte des Muſes, craindroient avecque raiſon qu'ils ne fuſſent accuſez de peu de jugement, d'aller ſi loing voir les merveilles de la Nature, & n'en voir point une dont ils ſont ſi près. C'eſt voſtre Majeſté, SIRE, de qui j'entends parler. Qui conſiderera les rares vertus que l'on voit paroiſtre en toutes ſes actions, n'avoüera-t'il pas que les plus celebres peuples de la terre n'ont jamais veu de merites qui ſe puiſſent égaler aux voſtres ; & que tous ces grands hommes des ſiecles paſſez, qui

fervent à ce luy-cy d'exemple, ne vous
ont precedé que du temps ? Noftre
repos eft fi univerfel, vos loix fi bien
maintenuës, & tous vos confeils ont
de fi glorieux évenements, que voftre
prudence n'eft pas plus admirée des
Miniftres, de vos fujects : ny voftre
nom plus cognu des François, que
nations les plus éloignées. Pour moy,
quand je me remets devant les yeux
les memorables avantures que vous
avez fi heureufement achevées ; je
m'imagine que fi elles font efcrites fi-
delement, la pofterité croira que ce
foit pluftoft un Roman qu'une Hiftoi-
re ; & que l'on a choifi ce qu'il y avoit
de plus beau dans les vies de tous les
autres Princes, pour en faire une qui
fervift de modelle à ceux qui regneront
après vous. Les premieres efperances,
que voftre enfance nous donna, furent
telles, qu'elles eurent prefque le pouvoir de nous faire oublier dès l'heure
la perte que nous venions de faire de

Henry le Grand ; ou pluftoft nous faire croire que nous n'avions rien perdu,
& que toutes les excellentes qualitez
que nous regretions en luy, eftoient
desja reffufcitées en vous. Quand nous
poffedions ce genereux Monarque ,
nous difions que la bonne fortune de
la France eftoit en fon periode ; & que
ne pouvant monter plus haut, il falloit
de neceffité qu'elle allaft deformais en
diminuant : mais après vous avoir veu
faire en vos plus jeunes années ce qu'il
n'a fait qu'après eftre vieilly dans les armes & dans les affaires , nous eftimons
avec plus de raifon pouvoir faire le
mefme jugement de voftre regne, que
nous faifions du fien ; & difons que
s'il y a une borne à la gloire de ce
Royaume, ce ne peut eftre que fous
vous qu'elle fe doit trouver. Je fçay
bien, SIRE, que voftre modeftie nous
deffend d'élever vos loüanges au deffus de celles du feu Roy voftre pere ;
mais pardonnez, s'il vous plaift, à

A iij

ma liberté si je vous dis qu'en ce seul
poinct nous vous ferons tousjours de-
sobeissans : c'est une verité si cognuë
qu'elle n'est pas mesme ignorée dans
les cabanes de ces pauvres Bergers, &
c'est ce qui leur a faict naistre le desir
de voir celuy dont la renommée les
avoit si souvent entretenus ; & de vous
asseurer qu'ils iront en tant de lieux publier les douceurs de vostre Empire,
qu'ils feront envie à tous les peuples
du monde d'y venir garder leurs troupeaux : & aux Rois mesme d'y changer
leurs sceptres en houlettes : ce sera
lors, Sire, que je n'auray plus d'autres demandes à faire à Dieu, que de
nous conserver ce que vous nous aurez
acquis, ny d'autres graces à luy rendre
que de m'avoir fait naistre,

SIRE,

Vostre tres-humble, tres-obeyssant &
tres-fidele sujet & serviteur,

RACAN.

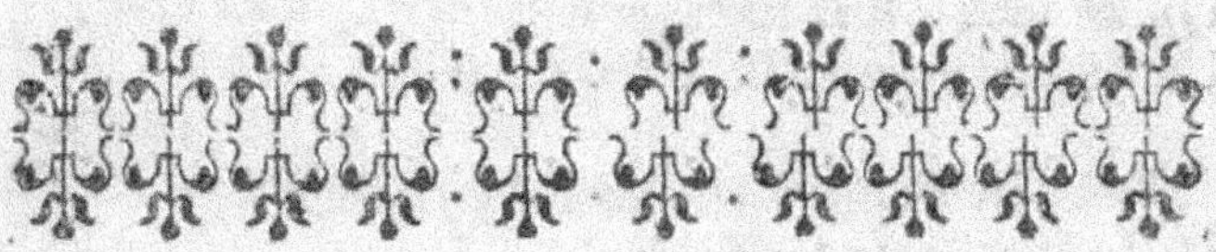

ODE
AU ROY.

Par Monsieur de RACAN.

Victorieuses des années,
  Nymphes, dont les inventions
Tirent des mains des Destinées
Les memorables actions :
Si jadis aux rives de Loire
Vous avez recité l'histoire
De mes incurables douleurs :
Quittez ceste inutile peine,
Aussi bien ma belle inhumaine
Ne faict que rire de mes pleurs.

  Faites, Déesse, que ma lire,
Traisnant les rochers après soy,
Aux deux bouts du monde aille dire
Des chansons dignes de mon Roy :
Tous les veritables Oracles
Nous promettent que les miracles
De son courage ambitieux,
Feront tant bruire son tonnerre ,

A iiij

Qu'un jour il sera sur la terre,
Ce qu'est Jupiter dans les Cieux.

Dès son Printemps chacun s'estonne
De la sagesse de ses mœurs,
Et juge qu'avant son Automne
Il produira des fruicts tous meurs :
Fit-il pas voir à ces armées,
D'injuste colere animées,
Que rien ne pouvoit l'empescher
De leur faire mordre la poudre,
Et qu'il a sceu jetter la foudre
Aussi-tost qu'il a sceu marcher.

Desja la Discorde enragée
Sortoit des gouffres de l'Enfer,
Desja la France ravagée
Revoyoit le siècle de fer,
Et desja toutes les Furies
Renouvellans leurs barbaries
Rendoient les vices triomphans
Par une impieté si noire,
Que la nuit mesme n'eût peu croire
Avoir produit de tels enfans.

Toutesfois nos rages civiles
Ont trompé l'espoir des meschants,
La Paix rend la pompe en nos villes,
Et l'abondance dans nos champs :
Et maintenant qu'en asseurance
Il conduit la Nef de la France,
Et que les plaisirs ont leur tour,
Ses yeux, qui pour venger nos larmes
S'armoient d'éclairs dans les alarmes,
Sont armez d'atraicts pour l'amour.

Cette belle Nymphe du Tage,
Pour qui nous fismes tant de vœux,
Tient ce miracle de cét âge
Dans les chaînes de ses cheveux :
Les Graces dont elle est suivie
La font admirer de l'envie,
Tous les mortels sont éblouÿs
D'y voir tant de flames paroistre ;
Aussi les Dieux l'avoient faict naistre
Pour Jupiter, ou pour LOUYS.

Roy, dont le pouvoir indomptable
Est des Loix le ferme soustien,
Aux meschans aussi redoutable,
Comme agreable aux gens de bien,
Quel Hymne en la bouche des Anges
Pourra celebrer vos loüanges ;
Si l'Univers dans sa rondeur
N'a rien digne de vos merites :
Et si le Ciel dans ses limites
N'en peut limiter la grandeur ?

Ce Grand HENRY, dont la Memoire
A triomphé du monument,
Est maintenant comblé de gloire
Sur les voûtes du Firmament,
La nuict pour luy n'a plus de voiles,
Il marche dessus les estoiles,
Il boit dans la coupe des Dieux,
Et voit sous ses pieds les tempestes
Venger sur nos coulpables testes
La juste colere des Cieux.

Mais quoy que ce Roy considere
De tout ce qu'il voit aux deux bouts,

De l'un & de l'autre Hemifphere,
Il ne voit rien d'égal à vous :
Auffi combien qu'après fa vie
Son Ame d'honneur affouvie
Poffede ce bon-heur entier,
Qu'à ces vertus le Ciel octroye ;
Il n'a point de fi grande joye
Que d'avoir un tel heritier.

Il voit dans chofes futures,
Qui font prefentes à fes yeux,
Les glorieufes advantures
De vos exploicts laborieux :
Il voit desja les Citadelles
Cacher fous l'herbe leur fommet,
Et dans Bizance reconquife
Les Fleurs de Lys venger l'Eglife
Des blafphemes de Mahomet.

O que lors dans ces deux rivages,
Le Nil oira nos combatans
Faire jour & nuict de ravages
Dans les Provinces des Sultans !
Que Biferte dans fes murailles
Verra faire de funerailles,
Et que de Peuples deconfis
Pleureront leurs maifons fuperbes,
Quand l'on moiffonnera les gerbes
Sur les ruynes de Memphis !

A LUY-MESME.

SONNET.

PRINCE, l'aise & l'amour des ames & des yeux
Que le Ciel mesme voit avecque reverence,
Quoyque facent de grand vos travaux glorieux,
Ils ne peuvent jamais passer nostre esperance.

Je sçay que vostre bras fatal aux factieux,
Et par qui cét Estat repose en asseurance,
Avant que l'on vous mette au rang des autres
    Dieux,
Doit borner l'Univers des bornes de la France.

Mais bien que ce bonheur ne soit promis qu'à
    vous,
Depeschez, brave Roy, d'aller en ces deux bouts,
Les armes à la main vous faire recognoistre :

De peur que vos bontez qu'on oit par tout vanter,
Luy faisant desirer de vous avoir pour maistre,
Ne vous aillent ravir l'honneur de le domter.

CHANSON DE BERGERS,

A la loüange de la Reyne Mere du Roy.

PAISSEZ, cheres brebis, joüissez de la joye,
    Que le Ciel nous envoye,
A la fin sa clemence a pitié de nos pleurs :
Allez dans la campagne, allez dans la prairie ;
    N'épargnez point les fleurs,
Il en revient assez sous les pas de Marie.
    Par elle renaistra la saison desirée
        De Saturne & de Rhée,
Où le bon-heur rendoit tous nos desirs contens,
Et par elle on verra reluire en ce rivage
        Un éternel Printemps.
Tel que nous le voyons parestre en son visage.
    Nous ne reverrons plus nos campagnes desertes,
        Au lieu d'espics, couvertes
De tant de bataillons l'un à l'autre opposez :
L'innocence & la paix regneront sur la terre,
        Et les dieux appaisez
Oubliront pour jamais l'usage du tonnerre.
    Le soin continuel, dont son puissant Genie
        Nos affaires manie,
Rend tousjours leur succez conforme à son desir.
Nostre bonne fortune est par luy gouvernée,
        Et souffre avec plaisir,
Que de si belles mains la tiennent enchaînée.

Son bon-heur nous rendra la terre aussi feconde,
    Qu'en l'enfance du monde,
A l'heure que le Ciel en estoit amoureux,
Et jouyrons d'un âge ourdy d'or & de soye,
    Où les plus malheureux
Ne verseront jamais que des larmes de joye.
  Desia ce grand Soleil dissipant les nuages,
    Autheurs de nos orages,
Espand de tous costez sa lumiere si loin,
Que celuy qui le soir se va coucher dans l'onde,
    Voit bien que sans besoin,
Il en sort au matin pour éclairer le monde.
  En nos tranquillitez aucune violence
    N'interrompt le silence,
Nos troubles pour jamais sont par elle amortis,
Depuis les premiers flots de Garonne & de Loire,
    Jusqu'à ceux de Thetis,
On n'entend autre bruit que celuy de sa gloire.
  La Nymphe de la Seine incessamment revere
    Ceste grande Bergere,
Qui chasse de ses bords tout suject de soucy,
Et pour jouyr long-temps de l'heureuse fortune,
    Que l'on possede icy,
Porte plus lentement son tribut à Neptune.
  Paissez donc, mes brebis, prenez part aux delices
    Dont les destins propices,
Par un si beau remede ont guery nos douleurs :
Allez dans la campagne, allez dans la prairie,
    N'espargnez point les fleurs,
Il en revient assez sous les pas de Marie.

A MONSIEUR
DE RACAN:

EPIGRAMME.

CES Bergers ont si bien parlé
Que mon esprit les idolatre,
Rome n'a jamais estalé
Tant d'ornements sur le theatre :
Miraculeux pere des Vers,
Grand RACAN, fais que l'Univers
Puisse lire une œuvre si belle :
Donne-luy ce rare entretien ;
Ta gloire ne doit craindre rien
Malherbe & Balzac son pour elle.

MAYNARD.

AUTRE

A LUY-MESME.

Par Monſieur de Sigongne ſon Nep-
veu, & de defunct Monſieur de
Sigongne.

EPIGRAMME.

C'EST ouvrage par qui l'Amour
Nous rend luy-meſme ſes oracles,
Faict encore voir à la Cour
Tous les jours de nouveaux miracles.
Il ravit les cœurs & les yeux,
Il ſe faict admirer des Dieux,
Et donne de l'amour aux Anges :
Mais parmy tant d'effets divers,
En a-t'il faict de plus eſtranges
Que m'avoir faict faire des Vers ?

LE LIBRAIRE
AU LECTEUR.

IL n'a pas esté en ma puissance de retirer la Preface de ceste Pastoralle de Monsieur de RA-CAN, encore qu'il me l'ait fait voir presque achevée ; mais ayant esté contraint d'en faire à la haste l'argument (parce qu'un de ses amis qui luy avoit promis de le faire est tombé malade sur le poinct qu'elle s'achevoit d'imprimer) j'ay creu qu'il valoit mieux, pour ne vous faire point attendre davantage , vous donner la Lettre mesme qu'il escrivoit à Monsieur de MALHER-BE de chez luy , lors qu'il luy envoya ceste piece pour la mettre sous la Presse. Vous y verrez, à mon advis , les mesmes choses qu'il eust dit dans sa Preface.

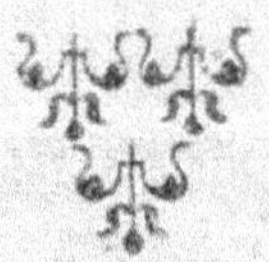

LETTRE

LETTRE

DE MONSIEUR

DE RACAN,

A MONSIEUR

DE MALHERBE,

Gentilhomme ordinaire de la Chambre du Roy.

MONSIEUR,

Je vous envoye ma Paſtoralle , non pas tant pour l'eſtime que j'en fais que pour celle que je fais de vous. Je ſçay bien que voſtre jugement eſt ſi generalement approuvé , que c'eſt renoncer au ſens commun, que d'avoir des opinions contraires aux voſtres : c'eſt pourquoy je ſuis d'avis que vous la conſideriez un peu plus exactement : & que vous ſçachiez les raiſons qui m'ont juſques icy obligé à luy faire garder la chambre. Auparavant

B

que vous me condamniez de la donner au public,
vous me mandez qu'il en court tant de copies mal
correctes, qu'il eſt à propos que je me juſtifie des
fautes que les mauvais eſcrivains ont adjouſtés aux
miennes : en effet j'avoüe que c'eſt bien aſſez d'e-
ſtre reſponſable de mes pechez ſans porter la peine de ceux d'autruy ; mais auſſi en l'eſtat où elle
eſt, je ne ſeray repris que des belles bouches de
la Cour, de qui les injures meſmes me ſont des
faveurs, au lieu que ſi je ſuivois voſtre conſeil, je
m'abandonnerois à la cenſure de tous les Autheurs du pays Latin, dont je ne puis pas ſeulement ſouffrir les loüanges. Vous ſçavez qu'il eſt
mal aiſé que ceſte ſorte de vers, qui ne ſont ani-
mez que par la repreſentation de pluſieurs Acteurs,
puiſſent reuſſir à n'eſtre leus que d'une ſeule perſonne. D'où vient que ce qui ſemblera excellent
ſur un theatre ſera trouvé ridicule en un cabinet.
Outre qu'il eſt impoſſible que les grandes pieces
puiſſent eſtre polies comme une Ode, ou comme
une chanſon. Et s'il y a aucune raiſon qui me diſ-
penſe des reigles que vous m'avez preſcrites, ce
doit eſtre la multitude des vers qui ſont en cét ouvrage. Il eſt plus aiſé de tenir cent hommes en leur
devoir que dix mille, & n'eſt pas ſi dangereux de
naviger ſur une riviere que ſur l'Ocean. Pour en parler ſainement je penſe que vous jugerez que je ſuis
autant au deſſous de la perfection, comme je ſuis
au deſſous de tous ceux qui m'ont precedé en ce
genre de Poëſie, & que parmy ceſte grande con-
fuſion de paroles mal digerées, vous n'y trouverez
rien digne d'admiration, que de ce qu'un travail
de ſi longue haleine a eſté entrepris par un homme de mon meſtier & de mon humeur. Je ſçay
bien que c'eſt aſſez dire qu'on eſt ignorant & pa-

reſſeux à eſcrire, que de dire qu'on faict profeſſio
des armes: mais ce n'eſt pas aſſez me cognoiſtre
que de croire que je ne le ſuis que comme l'ordinaire de ceux de ma condition. Je veux qu'on
ſçache que je le ſuis au ſupréme degré; & me trouve moy-meſme tellement eſtonné d'une ſi longue
navigation, que j'ay peine à me reſſouvenir
du port d'où je ſuis party. J'ai fait comme ceux
qui entreprenans un baſtiment avec irreſolution,
le continuent ſur divers deſſeins, dont les derniers
condamnent ce que les premiers avoient approuvé: d'abord je m'eſtois propoſé de me ſervir d'un
ſujet aſſez cogneu dans la Cour. Mais les deſplai-
ſirs que je receus d'une certaine perſonne qui eût
peu s'en attribuer les plus belles advantures, me
firent reſoudre à changer les deux premiers actes
qui eſtoient deſia faits, pluſtoſt que de luy donner le contentement de voir l'hiſtoire de ſes
amours dans mes Vers. Il eſt vray que je ſuis
bien-aiſe qu'elle porte le nom d'Arrenice, & vou-
droie eſtre capable d'en faire durer la memoire
auſſi long-temps que l'amour que j'ay pour elle.
Il y a ſi peu de choſe en ce ſiecle digne de loüange, que je croy que la poſterité ne doit point trouver mauvais dequoy je ne l'entretiens que des fo-
lies de ma jeuneſſe, puis que je n'ay rien de meilleur à luy dire. Choſe eſtrange que ceux qui re-
cherchent l'immortalité au prix de leur ſang & de
leurs veilles, que celles qui ſe retranchent des plus
doux plaiſirs de la Nature pour s'acquerir la gloire d'eſtre vertueuſes, facent ſi peu de cas de ceux
qui la donnent,& qui ont une juriſdiction auſſi abſo-
luë ſur la reputation de tout le monde, que celle
des Parlements ſur les biens & ſur les vies: n'eſt-ce
pas faire comme ces gens qui dependent tout ce

B ij

qu'ils ont à la Cour pour essayer d'y faire leur fortune : sans penser à se rendre agreables aux Mini-
stres de l'Estat ? Vous me direz qu'il ne me faut
point tourmenter de cela ; que ce n'est point à
moy à reformer les humeurs du siecle, qu'il le faut
laisser comme il est, & suivre mon inclination.
J'en suis d'accord avec vous ; & certes ce qui m'a
fait estendre si long-temps sur ceste matiere est,
que je n'ay point de meilleure ocupation en ma
solitude , que de vous enretenir. J'y joüis d'un
repos aussi calme que celui des Anges ; j'y suis
Roy de mes passions aussi bien que de mon village ; j'y regne paisiblement dans un Royaume qui
est une fois aussi grand que le Diocese de l'Eves-
que de Bethleem ; & si je quitterois de bon cœur
ceste Royauté (si mes affaires me le permettoient)
pour avoir l'honneur de vous gouverner , & vous
dire moy mesme que je suis ,

MONSIEUR,

Vostre tres-humble serviteur,
RACAN.

Ce 15. Janvier 1625.
de la Roche Racan.

STANCES.

TIRSIS il faut penser à faire la retraite,
La course de nos jours est plus qu'à demy faite,
L'âge insensiblement nous conduit à la mort.
Nous avons assez veu sur la Mer de ce monde
Errer au gré des flots, nostre nef vagabonde,
Il est temps de jouir des délices du port.

Le bien de la fortune est un bien perissable,
Quand on bastit sur elle, on bastit sur le sable,
Plus on est eslevé, plus on court de dangers,
Les grands Pins sont en bute aux coups de la tem-
Et la rage des vents brise plustost le feste (peste,
Des maisons de nos Roys, que les toicts des Bergers.

O bien-heureux celuy qui peut de sa memoire
Effacer pour jamais ce vain espoir de gloire,
Dont l'inutile soing traverse nos plaisirs,
Et qui loing retiré de la foule importune,
Vivant dans sa maison content de sa fortune,
A selon son pouvoir mesuré ses desirs.

Il laboure le champ que labouroit son Pere,
Il ne s'informe point de ce qu'on delibere
Dans ces graves conseils d'affaires accablez,
Il voit sans interest la mer grosse d'orages,
Et n'observe des vents les sinistres presages,
Que pour le soing qu'il a du salut de ses blez.

Roy de ses passions, il a ce qu'il desire,
Son fertile domaine est son petit Empire,
Sa cabanne est son Louvre, & son Fontaine-bleau,
Ses champs & ses jardins sont autant de Provinces,

Et sans porter envie à la pompe des Princes,
Se contente chez luy de les voir en tableau.

Il voit de toutes parts combler d'heur sa famille,
La javelle à plein poing tomber sous sa faucille,
Le vandangeur ployer sous le faix des panniers,
Et semble qu'à l'envy les fertiles montagnes,
Les humides valons, & les grasses campagnes
S'efforcent à remplir sa cave & ses greniers.

Il suit aucune fois un cerf par les foulées,
Dans ces vieilles forests du peuple reculées,
Et qui mesme du jour ignorent le flambeau;
Aucunefois des chiens il suit les voix confuses,
Et voit enfin le lievre après toutes ses ruses,
Du lieu de sa naissance en faire son tombeau.

Tantost il se promene au long de ces fontaines,
De qui les petits flots font luire dans les plaines
L'argent de leurs ruisseaux parmi l'or des moissons,
Tantost il se repose avecques les Bergeres
Sur des licts naturels de mousse & de fougeres,
Qui n'ont autres rideaux que l'ombre des buissons.

Il souspire en repos l'ennuy de sa vieillesse,
Dans ce mesme foyer où sa tendre jeunesse
A veu dans le berceau ses bras emmaillotez
Il tient par les moissons registre des années,
Et voit de temps en temps leurs courses enchaînées,
Vieillir avecque luy les bois qu'il a plantez.

Il ne va point fouiller aux terres incognuës,
A la mercy des vents & des ondes chenuës,
Ce que nature avare a caché de thresors,
Et ne recherche point pour honorer sa vie
De plus illustre mort ny plus digne d'envie,
Que de mourir au lict où ses peres sont morts.

Il contemple du port les insolentes rages
Des vents de la faveur autheurs de nos orages,
Allumer des mutins les desseins factieux;

Et voit en un clin d'œil par un contraire eschange,
L'un deschiré du Peuple au milieu de la fange,
Et l'autre à mesme temps eslevé dans les cieux.
    S'il ne possede point ces maisons magnifiques,
Ces tours, ces chapiteaux, ces superbes portiques
Où la magnificence estale ses attraicts :
Il jouyt des beautez qu'ont les saisons nouvelles,
Il void de la verdure & des fleurs naturelles,
Qu'en ces riches lambris l'on ne voit qu'en por-
        traits.
    Croy moy, retirons nous hors de la multitude,
Et vivons desormais loin de la servitude
De ces Palais dorez où tout le monde accourt,
Sous un chesne eslevé les arbisseaux s'ennuyent,
Et devant le Soleil tous les Astres s'enfuyent,
De peur d'estre obligez de luy faire la court.
    Après qu'on a suivy sans aucune asseurance
Cette vaine faveur qui nous paist d'esperance,
L'envie en un moment tous nos desseins destruit,
Ce n'est qu'une fumée, il n'est rien de si fresle,
Sa plus belle moisson est sujette à la gresle,
Et souvent elle n'a que des fleurs pour du fruict.
    Agreables deserts, sejour de l'innocence,
Où loing des vanitez, de la magnificence,
Commence mon repos & finit mon tourment,
Valons, fleuves, rochers, plaisante solitude,
Si vous fustes tesmoins de mon inquietude,
Soyez-le desormais de mon contentement.

ARGUMENT.

CRISANTE femme de Silene, ne pouvant nourrir d'enfans, voüa le premier qu'elle auroit à la bonne Déeſſe. Au bout de 9. mois elle accoucha d'une fille qu'elle nomma Artenice, de qui la parfaite ſanté fiſt aſſez cognoiſtre que les vœux de ſa mere eſtoient exaucez, & que les Dieux prenoient ſoint de ſa conſervation. A peine ſçavoit-elle parler, que ſon pere lui fit promettre mariage à Lucidas, recogneu pour lors le plus riche Berger du pays ; encore qu'il fuſt ſorty d'un Eſtranger, qui s'y eſtoit venu habituer il y avoit quelques années. A meſure qu'elle croiſſoit, ſes parens taſchoient de la nourrir en ceſte affection, mais la bonne Déeſſe, qui ne jugeoit pas que ce fût ſon bien s'apparoiſſoit fort ſouvent à elle, & luy deffendoit de n'en eſpouſer poinr qui ne fuſt de ſon pays & de ſa race. Elle en advertit pluſieurs fois ſa mere Criſante, qui n'en faiſoit poinr de cas, eſtimant que ce fuſt un artifice pour colorer la repugnance qu'elle avoit pour Lucidas : mais Artenice ne cognoiſſant que le ſeul Tiſimandre, qui eût les qualirez requiſes par la bonne Déeſſe, s'imagina que c'eſtoit celuy qu'elle lui deſignoit pour mary ; elle fit ce qu'elle peut pour le rendre amoureux d'elle, mais ce fut inutilement, il ne pouvoit aymer qu'Ydalie, ny Ydalie qu'Alcidor. Ceſte Bergere eſtoit fille d'un nommé Damoclée, chez qui Alcidor (jeune Berger incogneu) avoit eſté noury depuis

l'âge

l'âge de neuf à dix ans qui s'y estoit venu retirer ;
pour ceste raison il l'aymoit comme sa sœur : mais
il n'avoit de l'amour que pour Artenice, il la servoit
avec tant de soins, & avoit de si excellentes qualitez, qu'il sembloit à ceste jeune Bergere que la
conqueste d'un tel Amant valloit bien la peine de
contrevenir à la deffense de la bonne Déesse, estimant qu'il ne luy pouvoit arriver de plus grand
malheur que celuy de ne le posseder point. Du
commencement elle souffroit seulement sa recherche pour le seul plaisir qu'elle prenoit en sa conversation : mais enfin elle s'y engagea de telle sorte que
son amour parut assez pour donner de la jalousie à
Lucidas, qui pour cet effet eut recours à un Magicien son ancien amy nommé Polistene, il le prie
d'employer tous ses secrets, pour divertir Artenice
de ceste nouvelle affection. Le conseil du Magicien
fut de luy donner du soupçon des familiaritez qui
estoient entre Alcidor & Ydalie, ce qui luy fut facile, en adjoustant aux apparences exterieures, les
artifices que sa magie luy fournissoit ; ils avisent
donc ensemble que Lucidas feignant de vouloir
rompre l'acord qui estoit entre luy & Artenice, tas-
cheroit à mesme temps de luy faire connoistre la
faute qu'elle faisoit de souffrir la recherche d'Alcidor, qu'il estoit acordé avec Ydalie, qu'ils faisoient
desja les actions de femme & de mary, quand ils en
avoient la liberté ; & qu'il offriroit de le luy faire
voir dans un miroir enchanté, sur la promesse que son
amy Polistene luy faisoit, de faire paroistre ce qu'il
voudroit par le moyen de ses Démons. Ceste entreprise est si dextrement conduite, qu'Artenice s'engagea de faire espreuve de ce charme, feignant neantmoins que ce n'estoit que par curiosité. Elle se trouva donc à l'assignation que luy donna Lucidas, où

C

pendant qu'elle l'attendoit, elle trouva Tisimandre (désesperé de ce que ny sa fidelité, ny l'obligation qu'Ydalie luy venoit d'avoir tout fraischement, de l'avoir retirée des mains d'un Satyre, ne luy avoient de rien profité à radoucir le cœur de ceste ingrate) elle croit qu'elle ne le pouvoit trouver plus à propos, pour luy faire changer d'affection, & bien qu'avec l'esperance de luy donner de l'amour, elle en ait tout-à-fait perdu la volonté, neantmoins ne sçachant à quoy passer le temps en attendant Lucidas, elle se résolut de tenter encore une fois pour son plaisir ce qu'elle avoit tenté plusieurs fois par consideration : mais elle y réussit aussi mal qu'elle avoit fait par le passé : Tisimandre ne la veut point escouter ; & elle continuant son premier dessein, rencontra Lucidas, qui la mena dans la grotte de Polistene, où elle vit dans un miroir enchanté Alcidor & Ydalie se baiser avec tant de privautez, qu'elle creut que ce qu'il luy en avoit dit n'estoit que trop veritable. Les déplaisirs qu'elle receut en mesme temps du mespris de Tisimandre, & de l'infidelité d'Alcidor, la firent résoudre à se retirer avec des filles vouées à Diane ; & comme elle y alloit, elle rencontra (pour augmenter son erreur) Alcidor & Ydalie qui gardoient leurs Troupeaux ensemble, au mesme lieu où le miroir de Polistene les luy avoit representez. Alcidor la voulut aborder de la mesme sorte qu'il avoit acoustumé : mais il y trouva un grand changement ; elle luy reprocha sa déloyauté, & sans vouloir entendre ses justifications, luy deffend de la voir jamais ; cela le mit tellement au désespoir, qu'il se résolut de se précipiter dans la Seine. Cependant Artenice pour continuer son dessein, se retire avec ces filles devotes, où Silene son pere & Damoclée son oncle, & pere d'Ydalie, la vont trouver pour essayer

à l'en divertir. Estant forcée de leur dire le sujet de
son déplaisir ; l'accusation qu'elle fait contre Ydalie, fait résoudre Damoclée de faire passer sa fille
par la rigueur de la coustume du pays. Il va luy-
mesme trouver le grand Druide Chindonnax, pour
se rendre tesmoin contr'elle. Cela n'interrompit
que fort peu le dessein qu'avoit Silene de persuader
à la sienne de revenir au monde, elle s'en deffendoit opiniastrement : mais comme ils estoient en
ceste dispute, Cleante arriva tout effrayé du malheur qui venoit d'arriver d'un Berger, qui par désef-
poir s'estoit précipité dans la riviere, dont il l'a-
voit retiré aussi mort que vivant. Il les prie tous
deux de luy venir rendre les derniers devoirs, ils y
vont, & trouvent que c'est Alcidor, qui pour le
danger qu'il avoit couru, estoit en si mauvais estat,
qu'Artenice ne le sçeut voir sans en tesmoigner
une sensible douleur. Elle tomba évanouïe entre
les bras de son pere, qui ne la pouvant soustenir, à
cause de son extresme vieillesse, se laissa tomber
avec elle. Peu de temps après Alcidor reprit ses
esprits, & l'horreur de ce spectacle fit tant de pitié
au bon homme Silene, qu'il se résolut de ne se plus
opposer au mariage de luy & d'Artenice : de sorte
qu'il n'y avoit plus rien à surmonter, que les def-
fenses que la bonne Déesse luy avoit faites en songe. Pendant que cela se passoit, Damoclée continuant son dessein, eût fait sacrifier sa fille Ydalie,
sans le retardement que causa Tisimandre en s'of-
frant de mourir pour elle ; cela donna le temps à
Cleante d'apporter la nouvelle du mariage d'Alcidor & d'Artenice, qui troubla tellement Lucidas,
que sans y penser il avoüa la fausseté qu'il avoit faite par le moyen du miroir enchanté de Polistene,
& justifia Ydalie par sa propre bouche. Ceste der-

niere obligation qu'elle eut à Tisimandre la toucha
plus que pas une, & la fist résoudre à recevoir son
affection. Il sembloit qu'il n'y avoit plus rien qui
s'opposast au contentement des uns & des autres:
mais comme Silene alloit au Temple accomplir les
ceremonies du mariage de sa fille & d'Alcidor, assisté
de sa femme Crisante & de son frere Damoclee;
Crisante creut estre obligée de déclarer à la compagnie, comme la bonne Déesse s'estoit apparue à
elle la nuict précedante, & lui avoit dit les mesmes
choses qu'elle avoit dites plusieurs fois à Artenice,
qui estoit qu'elle ne vouloit pas qu'elle fût mariée
qu'à un qui fût de son pays & de sa race : cela fist
changer de dessein de la marier à Alcidor, & Damoclée voyant qu'il n'y avoit plus de garçons que
le seul Tisimandre du sang de sa niepce, estima que
ce seroit une cruauté de le luy oster pour le donner à
sa fille Ydalie, puis qu'il estoit libre de la marier à
qui bon luy sembleroit. Les peres trouverent donc
à propos de changer les mariages, & de luy donner
Alcidor, & Tisimandre à Artenice, mais il s'y trouva tant de répugnance, qu'il fut impossible d'effe-
ctuer ceste proposition ; Alcidor & Tisimandre ay-
moient mieux quitter le pays que d'en espouser d'autres que celles qu'ils avoient choisies. Artenice
estoit tellement désesperée des mespris que Tisimandre avoit fait de son amitié, qu'elle ne pouvoit
pas s'imaginer qu'il peust jamais changer d'humeur.
Et Ydalie estoit si vivement touchée des obligations
qu'elle avoit à Tisimandre, & des tesmoignages
d'affection qu'il luy avoit rendus, qu'elle pensoit
ne pouvoir jamais vivre heureuse avec d'autre qu'a-
vec luy. Comme toutes ces choses se passoient,
survint le vieil Alcidor, qui recogneut Alcidor pour
l'avoir eslevé jusqu'à l'âge de neuf ou dix ans, de-

puis qu'il le ſauva de la riviere, qu'il l'avoit apporté dans ſon berceau en un débordement arrivé il y
avoit dix-neuf ans ; ce bon Vieillard fit voir un bracelet qu'il luy avoit pris au bras lors qu'il le retira
de l'eau, & ceſte derniere remarque le fiſt recognoiſtre à Damoclée pour ſon fils Daphnis, qu'il
avoit perdu en meſme temps, avec ſa maiſon que
la Seine avoit ſubmergée : de ſorte que s'eſtant
trouvé de la race & du pays d'Artenice, les deffen-
ſes de la bonne Déeſſe furent levées, rien n'empeſ-
cha plus leur mariage, & Damoclée n'eut plus de
raiſon de s'oppoſer à celuy de Tiſimandre & de ſa
fille Ydalie.

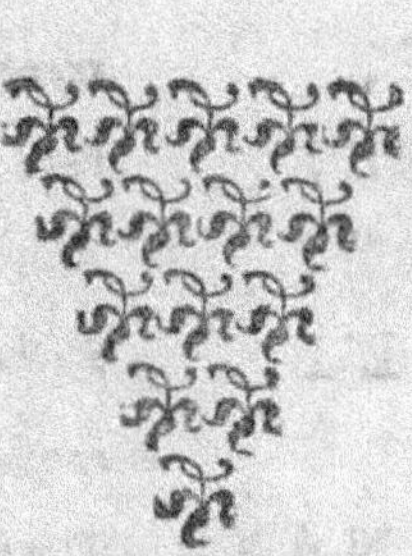

LES ACTEURS.

La Nymphe de la Seine.

ARTENICE,	*Bergere.*
YDALIE,	*Bergere.*
ALCIDOR,	*Berger.*
TISIMANDRE,	*Berger.*
LUCIDAS,	*Berger.*
CLEANTE,	*Berger.*
SILENE,	*pere d'Artenice.*
CRISANTE,	*mere d'Artenice.*
DAMOCLE'E,	*pere d'Ydalie.*
POLISTENE,	*Magicien.*
PHILOTHE'E,	*Veſtale.*
CLORISE,	*confidente d'Artenice.*
CHINDONNAX,	*Druide.*
DARAMET,	*l'un des Sacrificateurs.*
Le vieil ALCIDOR,	
Le SATYRE,	

LES BERGERIES

DE MONSIEUR

DE RACAN.

PREMIERE JOURNE'E.

PROLOGUE
de la Nymphe de la Seine.

AU ROY.

U profond de ces flots, dont je
regle le cours,
Depuis que le Soleil regle celuy
des jours,
Je sors pour adorer sur le bord de
mon onde
La merveille du Ciel, & la gloire du monde.

C iiij

Grand Prince, dont l'exemple autant que le pouvoir
Fait demeurer le vice aux bornes du devoir :
Miroir de la vertu, support de l'innocence,
Qui de sa courtoisie égalle sa puissance :
Recevez à vos pieds d'un favorable accueil
Ces Bergers que la Muse a tirez du cercueil :
Ils n'ont repassé l'onde où l'on perd la memoire,
Que pour le seul desir d'honorer vostre gloire,
Que jusques aux enfers on entend publier,
Et que dans l'oubly mesme on ne peut oublier :
Mais de quelques discours fertiles en merveilles,
Dont vostre renommée ait charmé leurs oreilles :
Ne confessent-ils pas que ce qu'on en sçavoit
Est beaucoup au-dessous de ce que l'on y voit ?
Pour moi, quand le pouvoir qui de tout est le maistre,
Dessous vos justes loix ne m'auroit point fait naistre,
Vous eussiez tousiours eu de mon affection
Ce que vous en avez par obligation :
Et, certes, ni l'éclat de vostre auguste race,
Qui dans le rang des Dieux assigne vostre place :
Ny le Sceptre éternel, qu'ils vous ont mis és mains
Pour disposer comme eux du destin des humains,
Ny tant d'autres honneurs, sans fin, & sans limites
Ne m'oblige pas tant que vos propres merites.
Par vos utiles soings je possede sous vous
L'heur de vivre en un siecle aussi juste que doux.
L'honneur de vous servir égalle ma fortune
A celuy de regir l'Empire de Neptune.
Vos exploicts genereux, miracles de nos jours,
Ont espandu ma gloire aussi loin que son cours.
Depuis qu'ils ont dompté l'orgueil de l'heresie,
L'Astre qui nous éclaire a de la jalousie,
Quand il voit mon renom sous vostre illustre appuy,
Faire le tour du monde aussi bien comme luy.
Puissiez-vous, brave Roy, porter à main armée

Vos exploits aussi loing que vostre renommée :
Et puisse le destin , pour me combler de biens ,
Faire durer vos jours aussi longs que les miens.

ACTE PREMIER.

SCENE PREMIERE.

ALCIDOR.

QUe cette nuict est longue & fascheuse à passer !
Que de sortes d'ennuis me viennent traverser !
Depuis qu'un bel objet a ma raison blessée ,
Incessamment je voi des yeux de ma pensée
Cet aymable Soleil , autheur de mon amour ,
Qui fait qu'incessamment je pense qu'il soit jour ,
Je saute à bas du lict , je cours à la fenestre ,
J'ouvre & hausse la veuë , & ne voy rien parestre ,
Que l'ombre de la nuict , dont la noire pasleur
Peint les champs & les prez d'une mesme couleur :
Et cette obscurité , qui tout le monde enserre ,
Ouvre autant d'yeux au Ciel qu'elle en ferme en la
    terre.
Chacun jouyt en paix du bien qu'elle produit,
Les cocqs ne chantent point, je n'entens aucun bruit,
Sinon quelques Zephirs , qui le long de la plaine
Vont cajolant tout bas les Nymphes de la Seine.
Maint phantosme hideux, couvert de corps sans corps,
Visite en liberté la demeure des morts ,

Les troupeaux, que la faim a chassez des bocages
A pas lents & craintifs entrent dans les gagnages.
Les funestes oyseaux, qui ne vont que la nuit,
Annoncent aux mortels le malheur qui les suit.
Les flambeaux éternels, qui font le tour du monde
Percent à longs rayons le noir cristal de l'onde.
Et sont veus au travers si luisans & si beaux,
Qu'il semble que le Ciel soit dans le fonds des eaux.
O nuict! dont la longueur semble porter envie
Au seul contentement, que possede ma vie :
Retire un peu tes feux, & permets que le jour
Vienne sur l'horison éclairer à son tour :
Afin que ces beaux yeux pour qui mon cœur souspire,
Sçachent avant ma mort l'excez de mon martyre.
Certes c'estoit en vain que j'avois esperé
De posseder par toy mon repos desiré.
Mes larmes de mon lict ont fait une riviere,
J'ay tasché maintefois de fermer la paupiere :
Mais helas ! je voy bien qu'en ce mal nompareil
La mort la fermera plustost que le sommeil.
Tenebreuse Déesse, ingrate à ma priere,
Qui te fait si long-temps retarder ta carriere ?
Veux-tu par ta longueur advancer mon trépas ?
Mais je la prie en vain, elle ne m'entend pas,
Celuy de qui le monde admire les merveilles,
La faisant toute d'yeux, ne luy fit point d'oreilles,
Et toy, race des Dieux, belle Nymphe du jour,
Qui n'es pas insensible aux attraits de l'Amour,
Agreable lumiere, espoir de tout le monde,
Qui te retient si tard dans le sejour de l'onde,
Où ton jeune desir demeure languissant
Dessous les froids baisers d'un vieillard impuissant?
Si de ce beau Chasseur le merite & la flame
Ont encore pouvoir de captiver ton ame,
Va jouyr en ses bras de ton souverain bien,

Et soulage ton mal en soulageant le mien.
  Depuis le premier jour que je vis Artenice,
Et qu'elle prit en gré les vœux de mon service,
Je n'ay fait en tous lieux que plaindre mon tourment,
Sans espoir d'y trouver aucun soulagement :
Ce reconfort me reste en ma douleur extréme,
Que je sçay qu'elle m'ayme autant comme je l'ayme.
Mais que me sert de voir ses beaux yeux languissans,
Témoigner d'avoir part aux ennuis que je sens,
Si je ne puis jouyr du bonheur que j'espere
Sans le consentement des Parens & du Pere,
De qui l'avare faim, qui ne peut s'assouvir
L'empesche de m'aymer, & moy de la servir ?
Je fais ce que je puis pour leur estre agreable,
Mais rien ne radoucit leur ame impitoyable,
Tout le soing que j'y prends ne profite de rien,
Leur esprit aveuglé n'estime que le bien :
Et veulent sans raison contraindre ceste Belle
D'en aymer un plus riche & de m'estre infidelle :
Desja leur tyrannie a fait tout son pouvoir,
Afin de m'enpescher les moyens de la voir :
Ils éclairent ses pas en quelque part qu'elle aille,
Ils lisent les premiers les lettres qu'on luy baille,
Et pensent follement captiver ses beaux yeux,
Qui pourroient captiver les hommes & les Dieux.
Mais l'Amour, qui se loge en un jeune courage
N'est pas de ces oyseaux que l'on enferme en cage ;
Elle leur monstre bien : car si par leur rigueur
Ils possedent son corps, je possede son cœur.
Mais le jour n'est pas loing, les ombres s'éclaircissent :
Desja d'étonnement les Estoiles pâlissent,
Et desja les oyseaux, joyeux de son retour,
Commencent dans les Bois à se parler d'Amour.
Afin de ne point perdre un temps si favorable,
Je vay faire sortir mes Brebis de l'estable.

SCENE II.

LUCIDAS. POLISTENE.

LUCIDAS.

SOus quel Astre funeste, ô Destins rigoureux!
Ourdissez-vous le fil de mes ans malheureux?
Je voy tous mes desseins d'eux-mesmes se détruire;
Et semble que le Ciel ne se plaist qu'à me nuire,
J'aimois dès mon enfance une jeune beauté,
A qui rien ne manquoit que la fidelité
De toutes les vertus, de qui les destinées
Ornent avecques soing les ames les mieux nées.
Chacun prenoit plaisir à voir de jour en jour
Augmenter à la fois nostre âge & nostre amour:
Et la jalouze envie estoit mesme contrainte
De benir le progrez d'une amitié si saincte,
Qui bornoit ses desirs aux amoureux apas,
Où ses ans & les miens nous menoient pas à pas.
Mais lors que j'esperois voir l'heureuse journée,
Qui devoit de nos vœux accomplir l'Hymenée,
L'injustice du sort, qui preside à mes jours,
Luy fit tourner ailleurs l'espoir de ses amours,
Et donner cette foy, qu'elle m'avoit promise,
Au Berger Alcidor, dont sont ame est éprise,
Ce jeune homme tout seul la possède aujourd'huy;
Elle n'a plus d'attraits pour autre que pour luy,
Qui l'en veut divertir, perd son temps & sa peine,
Cela passe l'effort de la puissance humaine:
Il me faut au besoin les Démons pratiquer,
Que l'art de Polistene a pouvoir d'évoquer

Cependant que le jour qu'on voit naistre dans l'onde
Ne chasse point encore les tenebres du monde,
Je vay sous leur faveur implorer ce vieillard
De me vouloir ayder des secrets de son art.
De tout temps sa franchise a chery mon enfance,
Aussi-tôt que du jour j'en eus la cognoissance :
Il me témoignera l'effect de sa bonté,
S'il en a le pouvoir, comme la volonté ;
Je croy que le voilà, qui tout seul se promeine,
Un livre dans sa main, au long de cette plaine.
Il le faut aborder, pour voir si mon tourment
Peut esperer de luy quelque soulagement.
   Pere dont la science en prodiges feconde,
D'horreur & de merveille étonne tout le monde :
Si nostre affection qui nasquit avec moy
Vous peut rendre sensible au mal que je reçoy ;
Ou si vous voulez faire une œuvre memorable,
Et vous monstrer sçavant autant que charitable,
Guerissez les ennuis d'un pauvre Amant jaloux,
Qui n'attend son repos que du Ciel ou de vous.
J'aimay dès le berceau la Bergere Artenice,
De qui l'esprit leger, mesprisant mon service,
Au lieu de prendre exemple à ma fidelité,
M'a si legerement pour un autre quitté,
Qu'il semble que sa flame, en cette Amour nouvelle,
Ne cherche autre raison que de m'estre infidelle.
POLISTENE.
   Mon fils, j'aurois de l'heur, si mon affection
Vous pouvoit secourir en vostre affliction.
Je sçay combien l'Amour trouble un jeune courage,
Les tourmens que j'ai plains au plus beau de mon âge
En suivant ces plaisirs de pleurs accompagnez,
Me font avoir pitié de ceux que vous plaignez.
   Si la part que je prends, au mal qui vous possede
Y pouvoit tenir lieu d'un utile remede,

Cette ame qui fans fard , vous a toufiours chery ,
Seroit le feul Démon , dont vous feriez guery.
Mais certes c'eft en vain qu'on a recours aux charmes
Pour éteindre les feux , & fe parer des armes ,
De ce Dieu fi petit , & fi grand en tous lieux ;
Le pouvoir des Démons ne peut rien fur les Dieux.
Il faudroit effayer par quelque jaloufie
De guerir fa raifon de cette fantaifie :
Peut-eftre cet efprit qui fe tourne à tout vent ,
Vous aymeroit alors autant qu'auparavant.
Mon fils , voftre rival n'en ayme-t-il point d'autre
Que celle , où fon Amour a traverfé la voftre ?

LUCIDAS.

Nenny, mais je fçay bien qu'il doit voir aujourd'huy
Une jeune Beauté qui meurt d'amour pour luy.

POLISTENE.

L'occafion pour vous ne peut eftre meilleure,
Pourveu que vous puiffiez vous affeurer de l'heure.

LUCIDAS.

Ce doit eftre à midy qu'ils fe doivent trouver.

POLISTENE.

Il me faut leurs deux noms dans un cerne graver ,
Pour rendre de tous poincts ma figure accomplie.

LUCIDAS.

L'homme c'eft Alcidor, & la fille Ydalie.

POLISTENE.

Mon fils , tout ira bien , pourveu que promptement
Vous voyez Artenice , & qu'avec jugement
Vous tâchiez de la mettre en telle défiance ,
Que fon efprit troublé recoure à ma fcience.
Je puis dans les objects d'un criftal enchanté ,
D'un menfonge apparent mafquer la verité ,
Gouvernez-vous y donc avec modeftie ,
Vous verrez fon amour en rage convertie.

LUCIDAS.

J'y vay tout de ce pas : attendez un moment ,
Mon retour de bien peu suivra mon partement.
Soit que je puisse ou non amener ma cruelle ,
Dedans une heure ou plus vous en aurez nouvelle.

SCENE III.

ARTENICE. SILENE *son pere.*

ARTENICE.

HONNEUR , cruel tyran des belles passions ,
Qui traverse l'espoir de nos affections ;
De combien de malheurs est la terre feconde ,
Depuis que ton erreur empoisonne le monde ?
Ce Dieu , dont les amants reverent le pouvoir
Ne recognoissoit point l'Empire du devoir ?
Ce fust toy , qui premier fit glisser en nostre ame
Ces folles visions de la honte & du blasme :
Qui premier nous apprint à taire nos desirs ,
Qui premier nous apprint à cacher nos plaisirs ,
Et dont la tyrannie , aux amants trop cruelle ,
S'opposa la premiere à la loy naturelle.
Petits oiseaux des bois , que vous estes heureux ,
De plaindre librement vos tourments amoureux !
Les valons , les rochers , les forests & les plaines
Sçavent également vos plaisirs & vos peines ,
Vostre innocente amour ne fuit point la clarté ,
Tout le monde est pour vous un lieu de liberté.
Mais ce cruel honneur , ce fleau de nostre vie ,
Sous de si dures lois la retient asservie ,

Qu'auplus fort des ennuis, que je souffre en aymant,
J'ay honte de le dire aux rochers seulement.
Il est vray, je ressens une secrette flame,
Qui malgré ma raison s'allume dans mon ame,
Depuis le jour fatal, que je vis sous l'ormeau,
Alcidor qui dansoit au son du chalumeau :
La grace qu'il avoit me pleust de telle sorte,
Qu'à tous autres objets mon cœur ferma la porte,
Dès l'heure sourdement je taschay de sçavoir
Les lieux les plus frequents, où l'on le vouloit voir:
On me dit que c'estoit où les flots de la Seine
Vont arrousant le pied des coustaux de Surene.
Et dès le lendemain, en mes plus beaux habits,
Aussi-tost qu'il fut jour j'y menay mes brebis.
A peine du sommet je voyois la premiere
Descendre dans ces prez qui borne la riviere,
Que j'entendis de loing sa musette & sa voix,
Qui troubloit doucement le silence des bois:
Lors tous mes sens ravis de ces douces merveilles,
Mes yeux portent envie à l'heur de mes oreilles,
Je passay tout le front par dessus un buisson,
Du costé d'où venoit cét agreable son,
De quel aymable traict fut mon ame blessée?
Quelle timide joye entre dans ma pensée ?
Lors que j'en vy l'auteur, sous un chesne écarté,
Qui remplissoit le lieu de sa propre clarté :
Tel estoit Apollon au service d'Acmete,
Alors que de sa lyre il fit une muzette,
Quand je vy de plus près ses aymables apas,
Feignant de me cacher, je redoublay le pas :
Mais tousiours dessus luy j'eus la veuë attachée,
Pour voir s'il me verroit avant qu'estre cachée.
Il vint droit où j'estois, il s'approche de moy,
Et me voulant dès lors asseurer de sa foy,
Ses yeux qui demy morts dans les miens se mirerent,

Bien

Bien mieux que ses discours de sa foy m'asseurerent,
Alors le cœur joyeux d'un si riche butin,
Je rends graces tout bas à mon heureux destin :
Et quand ce jeune amant après quelque silence
Eut lasché maints souspirs avecque violence,
Qui comme prisonniers sortans tous à la fois,
Ouvrirent le chemin à sa timide voix,
Ne pouvant plus celer ce qu'il avoit dans l'ame,
Il me dit le sujet de sa nouvelle flame.
Maints zephirs amoureux, dans les fueilles cachés
Furent à ce discours par l'oreille attachez,
Et la Nymphe de Seine, en sa couche profonde
Fit cesser pour l'ouyr le murmure de l'onde,
Je ne sçaurois choisir un plus parfait Berger,
Tout le mal que j'y trouve, est qu'il est estranger :
Et la bonne Déesse, à qui dès ma naissance,
Mes parens ont remis le soin de mon enfance,
M'apparoist en dormant presque toutes les nuicts.
Et menasse mes jours d'incurables ennuis,
Si jamais je me lie au nœud de mariage
Qu'à ceux de mon pays & de mon parentage ;
Je ne sçay tantost plus à qui je dois penser,
Cela me trouble toute, il le faut confesser.
En vain pour ce sujet je m'efforce de prendre
Aux apas de l'amour le Berger Tisimandre :
Berger aussi parfait, comme il est malhureux,
D'estre depuis cinq ans d'une ingrate amoureux
Qui n'est pas moins constante à mespriser sa peine
Qu'est ce pauvre Berger en sa poursuite vaine.
Mais quoy ! le jour s'augmente, & dérobe à nos
    yeux
Les roses, dont l'Aurore avoit semé les Cieux.
Il est temps de partir, tout ce que j'apprehende,
Est qu'au cry des aigneaux mon pere ne m'entende,
S'il vient à s'éveiller, je crains que d'aujourd'huy

D

Je ne puisse aifément me défaire de luy.
Sa méfiante humeur de jour en jour s'augmente ;
Mon Dieu qu'il eft fafcheux ! que cela me tour
    mente.
Je penfe que je l'oy.
SILENE.
                    Ma fille, à quelle fin
Voulez-vous aujourd'huy vous lever fi matin ?
Le Soleil n'a pas beu l'égail de la prairie,
Cela mettra le mal en voftre bergerie.
ARTENICE.
Noftre chien qui refvoit de moment en moment
Au loup, que fon penfer luy forgeoit en dormant,
D'un veritable loup m'a fait naiftre la crainte.
SILENE.
L'inutile foucy, dont voftre ame eft atteinte,
Ne m'eft que trop cogneu, je ne puis l'ignorer.
Et c'eft ce qui me fait jour & nuiçt foufpirer.
Je fçay ce qui vous met la puce dans l'oreille,
Je vis hyer icy le loup qui vous reveille :
Mais fi toft qu'il me vit il rebrouffa fes pas,
Fafché d'avoir trouvé ce qu'il ne cherchoit pas.
Il ne faut point pour luy ny rougir ny foufrire.
ARTENICE.
Je ne puis deviner ce que vous voulez dire.
SILENE.
Aquoy vous fert cela de le diffimuler ?
Vous fçavez bien celuy de qui je veux parler,
Ne me le celez plus, j'ay decouvert la mine,
Ce n'eft pas avec moy qu'il faut faire la fine.
Je fçay que vous aymez celuy qui l'autre jour
Menoit le premier branfle en noftre carrefour,
Et fouffrez fans mon fceu l'affection fecrette
De ce pauvre incogneu, qui n'a que fa houlette.
Il eft vray que fa grace eft fi pleine d'attraits,

Qu'il n'est point de beauté qui n'en sentent les
    traits :
Soit qu'il danse, ou qu'il chante en ses moindres
    merveilles
Il arreste sur luy nos yeux & nos oreilles.
Mais ces jeunes Bergers, si beaux & si cheris
Sont meilleurs pour amants, qu'ils ne sont pour
    maris.
Ils n'ont aucun arrest, ce sont esprits volages,
Qui souvent sont tous gris avant que d'estre sages,
Et doit-on souhaitter pour leur utilité,
De voir finir leur vie avecques leur beauté :
Semblables à ces fleurs, dont Venus se couronne
De qui jamais les fruicts n'enrichissent l'Automne,
Oubliez, oubliez l'amour de ce Berger,
Et prenez en son lieu quelque bon ménager,
De qui la façon masse à vos yeux moins gentille
Témoigne un esprit meur à regir sa famille,
Et dont la main robuste au mettier de Cerés
Fasse ployer le soc en fendant les guerets.
Vous estes grande assez, vous deuriez estre sage,
Et plustost projetter quelque bon mariage,
Que de vous amuser à ces folles amours.

ARTENICE.

Mon pere, à quelle fin tendent tous ces discours ?
Si je hante Alcidor en dois-je estre blasmée,
Ce n'est ny pour l'aymer ny pour en estre aymée ;
Je n'ay point fait dessein d'en faire mon espoux,
Je ne veux point avoir d'autre mary que vous ;
Tandis que vous aurez mon service agreable,
Ce me sera, mon pere, un bien inestimable,
De meurir avec vous la fleur de mon printemps
Avant que d'en partir.

SILENE.

    C'est comme je l'entends,

Et certes le seule bien à quoy je veux pretendre,
Et qu'avant mon trespas vous me donniez un gen-
    dre ,
Dont le bon naturel me venant à propos
Me donne le moyen de mourir en repos.
Je n'auray plus regret de luy quitter la place,
Quand je verray mon sang revivre en voftre race.
Je croy que Lucidas feroit bien voftre fait ,
La fortune luy rit, tout luy vient, à fouhait :
De vingt paires de bœufs il feillonne la plaine ,
Tous les ans fes acquefts augmentent fon domaine:
Dans les champs d'alentour on ne void aujourd'huy
Que chevres & brebis qui fortent de chez luy :
Sa maifon fe fait voir par deffus le village ,
Comme fait un grand chefne audeffus d'un bocage,
Et fçay que de tous temps fon inclination
Vous a donné fes vœux , & fon affection.
Mais le voicy qui vient au long de cefte roche ,
Je m'envay vous quitter avant qu'il foit plus proche:
Bien qu'Amour foit enfant , c'eft un enfant difcret,
Qui n'oferoit parler s'il ne parle en fecret.

SCENE IV.

LUCIDAS. ARTENICE.

LUCIDAS.

AGREABLE fujet de mes inquietudes ,
    Après tant de mépris , & tant d'ingratitude
Puis qu'à la fin mon cœur vomiffant fon poifon,
Au lieu de fon trespas trouve fa guarifon

Bien que vous me quitiés pour en aimer un autre,
Sçachez que je plains moins mon malheur que le
    voftre,
Et que le feul dépit, dont je fuis enflamé,
Eft de voir méprifer ce que j'ay tant aymé :
Quand voftre Amant nouveau pour comble de folie,
Prefere à vos beautez les beautez d'Ydalie.

ARTENICE.

Autant que voftre efpoir eut de prefomption,
Quand il creut avoir part à mon affection,
Autant voftre creance eft injufte & cruelle
Lors que vous m'accufez de vous eftre infidelle :
Ce que j'engage ailleurs ne fut jamais à vous,
Vous n'en devez point eftre amoureux ny jaloux,
Ma perte vous apporte auffi peu de dommage
Qu'à moy le changement de ce Berger volage,
Et certes fans raifon vous m'en parlez ainfi,
Cela ne mettra point mon efprit en foucy.

LUCIDAS.

Je n'ay point ce deffein, la chofe eft affeurée,
Par la foy qu'ils fe font l'un à l'autre jurée.

ARTENICE.

Qu'ils faffent à leur gré, je n'y demande rien,
Je ne regrette point ce qui n'eftoit point mien :
Le Ciel rende en leurs vœux la fortune profpere,
Je quitte de bon cœur la part que j'en efpere.
Mais comment Lucidas, fe feroient ils promis
Sans le confentement de parens ny d'amis ?

LUCIDAS.

Ils ont fait, & bien pis, c'eft chofe trop certaine,
Que fouvent dans un bois fur la rive de Seine
Ils jouyffent defia des plus fecrets plaifirs,
Dont Hymen affouvit les amoureux defirs :
Je fçay bien le moyen d'en fçavoir des nouvelles,
Je cognois un Devin de mes amis fidelles,

Qui me doit-faire voir par ces enchantemens
Toutes les privautez de ses jeunes Amans :
J'espere avant disner d'en voir faire l'épreuve ?
ARTENICE.
A quelle heure, Berger, est-ce que l'on le treuve ?
LUCIDAS.
Si vous le voulez voir, il faut prendre le temps
Que ces jeunes Bergers rendent leurs vœux contens :
C'est vers le haut du jour, lors que de ces campagnes
L'ombrage est retiré jusqu'au pied des montagnes,
Quand le Soleil est presqu'au milieu de son cours.
ARTENICE.
Je n'ay point d'interest à leurs folles amours :
Mais je prendray plaisir à voir l'experience
Des effets merveilleux que produit sa science.
LUCIDAS.
Touvez-vous donc tantost sur le bord de ceste eau,
Et conduissez vos pas devers un vieux chasteau,
Maintenant des Lutins l'effroyable demeure,
C'est où je me promets de vous voir dans une heure.
Là sous un chesne creux, de fourmis habité,
Dont la seule grosseur monstre l'antiquité,
Se void dans un rocher sur la rive où nous sommes,
Un antre plus hanté des Demons que des hommes,
Qu'une viorne épaisse enclost tout à l'entour,
C'est de ce vieux Devin l'ordinaire sejour.
Cette belle trompeuse enfin sera trompée,
Je la verray bien tost dans le piege attrapée,
Et verray cét esprit, qui fait tant le ruzé,
Vomir bien tost le feu dont il est embrazé.
Je m'en vay cependant tout le long de la Seine
Par un autre chemin retrouver Polistene,
Afin de l'advertir d'apprester promptement
La glace destinée à son enchantement :
Il est vray, je commets une grande malice,

Mais ce n'est pas moy seul, le Ciel dont l'artifice
Couvre de tant d'apas tant d'infidelité,
Est le premier autheur de ma méchanceté.

CHOEURS DES JEUNES

BERGERS.

SUS, Bergers, qu'on se resiouysse,
Et que chacun de nous jouysse
Des faveurs qu'Amour luy depart :
Ce bel âge nous y convie,
On ne peut trop tost ny trop tard
Gouster les plaisirs de la vie.

   Suivons ce petit Roy des ames,
De qui les immortelles flames
Gardent Nature de perir :
Choisissons-le pour nostre maistre,
Et ne craignons point de mourir
Pour celuy qui nous a fait naistre.

   Les oyseaux des bois & des plaines
Chantent leurs amoureuses peines,
Qui renaissent au renouveau,
Glorieux au mois où nous sommes,
De brusler du mesme flambeau
Qui brusle les Dieux & les hommes.

   L'Astre doré, qui sort de l'onde,
Promet le plus beau jour au monde,
Que puissent choisir nos desir :
Tout rit à sa clarté premiere,
Qui semble apporter les plaisirs
En nous apportant la lumiere.

Defia les plus belles Bergeres
Sont affifes fur les fougeres,
Chacune avecques fon Amant :
Un beau feu leur ame confume,
En nous autres fans mouvement
Sommes encore dans la plume.

Fuyons cefte molle demeure.
Il faut cherir cette belle heure
Pendant qu'on en eft poffeffeur :
Tout le refte de la journée
N'a rien d'égal à la douceur
Des plaifirs de la matinée.

En l'Orient de nos années
Tout le foin de nos deftinées
Ne tend qu'à nous rendre contens,
Les délices en font voifines,
Et l'Amour amy du Printemps,
A plus de fleurs, & moins d'efpines.

Lors que ce bel âge s'écoule,
Les foucis nous viennent en foule,
Venus fe retire autre part.
Confervons en toufiours l'envie :
On ne peut trop toft ny trop trad
Goufter les plaifirs de la vie.

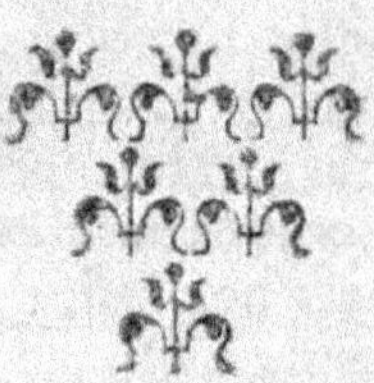

ACTE

ACTE II.

SCENE PREMIERE.

LE SATYRE.

D'Où me vient, hors de temps, cette bouillante
    rage ?
Quelle nouvelle ardeur s'allume en mon courage ?
Je ne fais jour & nuit, ny veillant, ny dormant
Que souspirer le mal que je souffre en aymant.
Depuis que les attraits de la belle Ydalie
Ont fait naistre en mon cœur cette douce folie.
Pourquoy mon vain esprit viens-tu m'entretenir
D'un bien où mes travaux ne sçauroient parvenir ?
O Dieu, qui sous tes loix tiens mon ame asservie,
Donne-m'en le merite, ou m'en oste l'envie !
Elle n'a point d'égard à l'excez de ma foy,
Si-tost qu'elle me void, elle s'enfuit de moy,
Pour aymer un mignon, de qui le beau visage
Empruntant de l'Amour le pouvoir & l'image,
A de plus doux appas, & plus selon ses vœux
Que ces membres pelus, robustes & nerveux.
Plus je luy fay de bien, plus elle m'est cruelle,
Je ne cueille des fleurs ny des fruits que pour elle.
Lors que de son logis elle sort au matin
Je pave son chemin de lavande & de tin :
Sous l'habit d'un Berger souvent je me déguise,
J'arrache mes sourcils, je me farde & me frise :

Mais tout ce que je fais ne me profite rien :
Peut estre son desir s'accorderoit au mien
Si dessous les efforts de ma flame insensée
Sa pudeur pouvoit dire avoir esté forcée.
Je sçay que le matin elle ne manque pas
De prendre dans les eaux conseil de ses appas ;
Afin qu'un Element aussi perfide qu'elle
Lui monstreà me dresser quelque embusche nouvelle.
Dans ce buisson espais , loin du monde & du jour,
Je m'en vay me cacher pour la prendre au retour.

SCENE II.

YDALIE. TISIMANDRE. LE SATYRE.

YDALIE.

Agreables Déserts , Bois, Fleuves & Fontaines,
Qui sçavez de l'Amour les plaisirs & les peines,
Est-il quelque mortel esclave de sa Loy
Qui se pleigne de luy plus justement que moy ?
Je n'avois pas douze ans , quand la premiere flame
Des beaux yeux d'Alcidor s'alluma dans mon ame,
Il me passoit d'un an , & de ses petits bras
Cueilloit desia des fruicts dans les branches d'enbas;
L'Amour qu'à ce Berger je portois dès l'enfance
Creut insensiblement sa douce violence :
Et jusques à tel poinct s'augmenta dans mon cœur
Qu'à la fin de la place il se rendit vainqueur.
Deslors je prins un soin plus grand qu'à l'ordinaire,
De le voir plus souvent, & tascher à luy plaire;
Mais ignorant le feu qui depuis me brusla,
Je ne pouvois juger d'où me venoit cela,

Soit que dans la prairie il vist ses Brebis paistre,
Soit que sa bonne grace au Bal le fist paroistre,
Ou soit que dans le Temple il fist priere aux Dieux,
Je le suivois par tout de l'esprit & des yeux ;
A cause de mon âge & de mon innocence
Je le voyois alors avec plus de licence,
Et souvent tous deux seuls libres de tout soupçon,
Nous passions tous les jours à l'ombre d'un buisson :
Il m'appelloit sa sœur, je l'appellois mon frere,
Nous mangions mesme pain au logis de mon pere ;
Cependant qu'il y fut nous vescumes ainsi,
Tout ce que je voulois, il le vouloit aussi.
Il m'ouvroit ses pensers jusqu'au fond de son ame,
De baisers innocens il nourrissoit ma flame :
Mais dans ces privautez dont l'Amour nous mas-
    quoit,
Je me doutois tousjours de celle qui manquoit,
Et combien que desja l'amoureuse manie
M'augmentast le plaisir d'estre en sa compagnie :
Je goustois neanmoins avec moins de douceur
Ces noms respectueux de parente & de sœur :
Combien de fois alors ay-je dit en moy-mesme,
Ayant les yeux baissez & le visage blesme :
Beau chef-d'œuvre des Cieux, agreable Pasteur,
Qui du mal que je sens estes le seul autheur,
Avec moins de respect soyez-moy favorable :
Ne soyez point mon frere, ou soyez moins aimable :
Mais quoy ? cet aveuglé ne me regarde pas,
Et quelquefois songeant aux aimables appas
Dont une autre Bergere a son ame blessée,
Me force d'escouter son Amour insensée :
A l'heure mes douleurs perdent tout reconfort,
Comme si j'entendois ma sentence de mort.
Si la civilité m'oblige à luy respondre,
Je sens au premier mot mon discours se confondre,

E ij

Je ne sçay que luy dire, & mon esprit troublé
Tesmoigne assez l'ennuy dont il est accablé :
Après cet entretien, si la nuict nous separe,
J'apprehende le mal que le lict me prepare,
Alors que mes pensers de mon aise envieux
Deffendent au sommeil d'approcher de mes yeux :
Il est vray qu'au matin aucune fois les songes
Me déçoivent les sens par de si doux mensonges,
Qu'encore que je deusse éviter ses attraits
Je ne puis m'empescher d'y repenser après :
Ce qui me desespere en ma perseverance
Est que l'heur où j'aspire est sans nulle apparence:
Cet aimable Berger est pris en des liens,
Qu'il ne quittera pas pour s'enchaisner aux miens:
La Bergere Artenice a captivé son ame,
Le Ciel mesme benit leur amoureuse flame,
Et comme à la plus belle a choisi justement
Le plus beau des Bergers pour estre son Amant.
Moy je suis cependant réduite à me deffendre
Des importunitez du fascheux Tisimandre,
Qui tout le long du jour, malgré tous mes efforts,
Ne me quitte non plus que l'ombre fait le corps.
Je pense que voilà ce pauvre temeraire,
Qui rumine tout seul sa folie ordinaire :
Il ne faut dire mot, s'il entendoit ma voix,
Il me viendroit chercher jusqu'au fonds de ces Bois.

CHANSON

DE TISIMANDRE.

DOnc après tant de maux soufferts
Il faudra mourir dans les fers,
Où les yeux d'une ingrate ont mon ame asservie;
Je n'en puis eschapper,
On ne les peut coupper
Qu'on ne couppe avec eux le filet de ma vie.
Mes cris sont par tout eslancez,
Les pleurs que mes yeux ont versez
Ont fait dans ces deserts de nouvelles rivieres;
J'invoque tous les Dieux
Des Enfers & des Cieux,
Et pas un que la mort n'exauce mes prieres.
A grands pas elle vient à moy,
Devant elle marche l'effroy,
L'Amour triste & pensif à ses pieds rend les armes;
Et ce monstre inhumain
Arrache de sa main
Son flambeau pour l'esteindre en un fleuve de larmes.
Elle eust desja fait ses efforts
Pour me délivrer de ce corps,
Où mon esprit captif souffre des maux sans nombre;
Mais l'extreme tourment
Me change tellement,
Qu'elle croit qu'à présent je ne sois plus qu'une om-
Dernier espoir des langoureux,   (bre,
Seul azile des malheureux:
Inhumaine Déesse acheve ton ouvrage;

E iij

Tu feras ton devoir,
Et moy je feray voir,
Qu'ayant beaucoup d'Amour, j'ay beaucoup de cou-
Mon cœur est las de souspirer,　　　　　[rage.
Mes yeux sont lassez de pleurer,
Le Ciel mesme est lassé de m'ouir tousjours plaindre:
Denué de tout bien
Je n'espere plus rien,
Et n'esperant plus rien, je n'ay plus rien à craindre.
Mes ans ont achevé leur cours,
Desormais je voy que les jours
M'accordent à regret leur clarté coustumiere:
O malheur sans pareil!
En servant un Soleil,
Je verray de ma vie esteindre la lumiere:
Heureux si ma longue amitié
L'esmouvoit alors à pitié,
Et qu'elle eust quelque part en ma douleur profonde:
Pour le moins en ma mort
J'aurois ce réconfort,
Que je serois pleuré des plus beaux yeux du monde.

YDALIE.

O Dieux, il vient icy, que luy pourray-je dire?

TISIMANDRE.

Adorable beauté, que tout le monde admire,
Voulez-vous de ces Bois les tenebres chasser,
Que le jour seulement n'a jamais sçeu percer;
Quel miracle de voir en ce lieu triste & sombre
Une Déesse en terre, & le Soleil à l'ombre!
Qui vous meine en ces lieux solitaires & doux?

YDALIE.

Rien que le seul desir de m'esloigner de vous.

TISIMANDRE.

C'est bien fait de suir l'abord d'un miserable,

YDALIE.
Celuy d'un importun eſt bien moins agreable.
TISIMANDRE.
Nommez-vous mon ſervice une importunité ?
YDALIE.
Me voulez-vous aimer contre ma volonté ?
TISIMANDRE.
N'avez-vous point pitié d'un cœur qui s'humilie ?
YDALIE.
Si j'ay pitié de vous, c'eſt de voſtre folie.
TISIMANDRE.
Eſt-ce-là le loyer de mon affection ?
YDALIE.
C'eſt trop long-temps ſouffrir la perſecution :
Si vous ne me laiſſez, il faut que je vous laiſſe.
TISIMANDRE.
O cruauté du ſort, qui n'as jamais de ceſſe !
A quelle nuiᶜt d'ennuis me dois-je préparer,
Puis que ce beau Soleil ne veut plus m'eſclairer ?
YDALIE.
Que j'ay le cœur joyeux de ce qu'il m'a quittée !
Dieux ! qu'il eſt mal-plaiſant, que j'en ſuis tourmen-
Certes je ne ſçay plus où je me dois cacher,   [tée !
Tant il eſt importun à me venir chercher ;
Ce qui me deſplaiſoit en ſa perſeverance,
Et ce qui me donnoit autant d'impatience,
Eſt le deſir que j'ay d'aller voir aujourd'huy
Le Berger Alcidor, que j'aime mieux que luy.
Il le faut advoüer, bien que ceſte belle ame
Soit eſclave d'une autre, & meſpriſe ma flame,
Sa grace naturelle eſt ſi pleine d'appas,
Qu'il faut que ma raiſon mette les armes bas.
J'ay long-temps diſputé ſi je luy devois dire
L'amoureuſe douleur dont mon ame ſouſpire ;
Mais puis que de la ſienne il m'importune tant,

Je croy que sans rougir j'en puis bien faire autant.
LE SATYRE.
Enfin je joüiray de celle que j'adore,
La voicy qu'elle vient plus belle que l'Aurore :
J'ay vaincu ces vainqueurs qui souloient me braver,
Je vous tiens, je vous tiens, rien ne vous peut sauver.
YDALIE.
Quoy, meschant, prenez-vous les filles de la sorte ?
A l'aide, mes amis, à l'aide je suis morte.
LE SATYRE.
Vous ne sçauriez mourir d'une plus douce mort.
TISIMANDRE.
Vilain, arrestez-vous, quel furieux transport
Vous a fait profaner le corail de ces levres ?
Allez, bouquin puant, faire l'amour aux chevres.
Cher objet de mes vœux, beaux astres inhumains,
Comme estes-vous tombée en ces barbares mains ?
Ces roses & ces lis où la beauté se mire,
Nee sont point destinez à l'amour d'un Satyre ;
Le Ciel qui de son œuvre est luy-mesme amoureux
Reserve à leur merite un destin plus heureux :
C'est le juste loyer d'un serviteur fidelle,
Qui depuis cinq moissons, plein d'amour & de zele,
Surmontant la tempeste & les vents ennemis,
Est demeuré constant en ce qu'il a promis.
YDALIE.
Je vous entends venir, il ne faut plus vous feindre,
Vous parlez de vous-même, & me voulez contraindre
D'accorder à vos vœux, par obligation,
Ce que l'on n'a de moy que par affection :
Je ne vous puis aimer, quoy que vous puissiez dire,
Remettez-moy plustost és mains de ce Satyre ;
Quand je serois contrainte à l'avoir pour espoux,
J'en aurois moins d'horreur que je n'aurois de vous.

TISIMANDRE.

Est-ce là le loyer de vous avoir sauvée
De ce Monstre hydeux, qui vous eust enlevée ?
O Dieux ! elle s'en va, sans vouloir m'escouter,
Mes raisons, ny mes pleurs, ne sçauroient l'arrester :
De quelle folle Amour est mon ame enflammée ?
De quel enchantement est ma raison charmée ?
Que de tant de beautez que la Seine produit,
Mon cœur ne fasse choix que d'une qui me fuit ?
Si je voulois aimer la Bergere Artenice,
Elle satisferoit mon fidelle service :
Ses attraits sont puissans, il n'est cœur de rocher,
Qui de sa douce humeur ne se laisse toucher.
Je ne voy que Bergers, qui souspirent pour elle,
Et tous, excepté moy, la trouvent la plus belle ;
Mais je croy que mes yeux sont complices du sort,
Qui malgré ma raison, a conspiré ma mort.
Cette jeune beauté, que j'ay tant mesprisée,
Ne se refroidit point, pour se voir refusée,
Et me tesmoigne assez l'amour qu'elle a pour moy,
Par le soin qu'elle prend de m'arrester à soy :
Certes j'en suis honteux, & ne sçay que luy dire,
Quand son teint qui rougit, & son cœur qui souspire,
En s'approchant de moy me disent sans parler,
Le mal que le respect luy contraint de celer :
Je croy que la voilà toute triste & pensive,
Qui va cueillant des fleurs au long de cette rive.

SCENE III.

ARTENICE. TISIMANDRE.

ARTENICE.

QUe Lucidas est long ! qu'en ce retardement
La crainte & le desir me donnent de tourment !
Voicy l'heure & la place où je le dois attendre,
Cette vieille mazure est où je me dois rendre,
Dans cet antre remply de tristesse & d'horreur,
C'est où ma passion doit finir son erreur ;
Je sens l'impatience en mon ame s'accroistre
De cognoistre le mal que j'ay peur de cognoistre :
Qui me fait sans besoin descouvrir un peché,
Qui ne m'offençoit point lors qu'il estoit caché
Sous les plaisirs d'Amour. Souvent la jalousie
Après s'estre couvée en nostre fantaisie,
Par nostre propre faute esclost de grands malheurs,
De mesme qu'un serpent endormy sous des fleurs.
O Dieux ! qui sçavez tout, en quelle inquietude
Demeure mon esprit en cette incertitude ?
Qu'un cart d'heure à passer me donne de soucy !

TISIMANDRE.

Elle ne me voit pas, elle viendroit icy.

ARTENICE.

Il n'en faut plus parler, la pierre en est jettée.

TISIMANDRE.

Quelque chose la fasche, elle est inquietée.

ARTENICE.

Mais ne cognois-je point ce Berger arresté,
Que j'entre-voy de loin dedans l'obscurité ?

Helas ! c'eſt Tiſimandre, il monſtre à ſon viſage
Qu'un ſanglant deſeſpoir luy ronge le courage.
Il le faut aborder : peut-eſtre qu'à preſent
Qu'il reſſent dans ſon ame un deſplaiſir cuiſant ;
De ne pouvoir dompter la rigueur d'Ydalie,
Il ſera plus aiſé de guerir ſa folie,
Maintenant que j'en pers l'eſpoir & le deſir,
Je veux encor un coup en avoir le plaiſir ;
Quelquefois aux deſſeins qui ſont hors d'apparence,
On y réuſſit mieux lorſque moins on y penſe.
Berger, que dites-vous ? quel tourment exceſſif
Vous rend le teint ſi paſle & l'eſprit ſi penſif ?
N'oublirez-vous jamais cette Nymphe cruelle,
Qui ſe rit des ennuis que vous ſouffrez pour elle ?
On ne peut à bon droict eſtimer bon nocher
Celuy qui tous les jours heurte un meſme rocher.
Gueriſſez voſtre eſprit, remettez-le en vous-meſme,
Fuyez ce qui vous fuit, aimez ce qui vous aime :
Celuy certes Berger eſt digne de mourir
Qui voit ſa gueriſon, & ne veut pas guerir.

TISIMANDRE.

Il eſt vray que mon mal tout autre mal excede
De n'eſtre pas guery par un ſi beau remede,
Je ſuis bien en cela deſpourveu de conſeil
De vouloir préferer une eſtoille au Soleil :
Je ſçay voſtre mérite, & ſçay que ma cruelle
Ne doit qu'à mon malheur le choix que j'ai fait d'elle.

ARTENICE.

Comme avez-vous fait choix de cet eſprit ruzé,
Qui d'un autre Berger a le cœur embrazé ?

TISIMANDRE.

Quoy ! le feu de quelqu'autre a-t-il peu trouver place
Dans ce cœur qui pour moy n'eſt que roche & que
ARTENICE.   [glace ?

Eſtes-vous ſi nouveau que de ne ſçavoir pas

Que c'eſt pour Alcidor qu'elle tend ſes appas ?

TISIMANDRE.

Combien que ce Berger ſoit tousjours avec elle,
Je ſçay que leur Amour n'eſt qu'Amour fraternelle,
Et n'y ſçaurois encor aucun mal concevoir.

ARTENICE.

Bien-toſt la verité vous fera tout ſçavoir :
Devant que le Soleil ſe recache dans l'onde
Leur feu ſera viſible aux yeux de tout le monde :
Oubliez, oubliez ceſte ingrate beauté,
Vous trouverez ailleurs plus de facilité.
Deffendez à vos yeux cette perſeverance,
Perdez-en le deſir avecques l'eſperance.

TISIMANDRE.

Ce conſeil ſeroit bon à quelque autre qu'à moy,
Qui fuſt encore libre & maiſtre de ſa foy.

ARTENICE.

Bien que pour ſon amour vous l'ayez deſtinée
N'en eſtant point receuë, elle n'eſt point donnée,
Elle eſt encor à vous pour en diſpoſer mieux.

TISIMANDRE.

Helas ! il faudroit donc que j'euſſe d'autres yeux,
Car ces beautez aux miens y ſont ce que les voſtres
Sont aux rives de Seine, aux yeux de tous les autres :
Il faut bien qu'à préſent mon cœur ſoit hors de ſoy
De n'eſtre point touché des charmes que je voy ;
Voſtre beauté n'eſt point pour eſtre meſpriſée.

ARTENICE.

Ny voſtre affection pour eſtre refuſée.

TISIMANDRE.

Je ne ſçay de quels yeux je puis voir vos attraits,
Et ne point reſſentir leurs flames & leurs traits.

ARTENICE.

Je ne ſçay de quels yeux l'on peut voir vos ſervices,
Et n'eſtre pas ſenſible à tant de bons offices.

TISIMANDRE.

Vous attirez les cœurs avec un tel aimant,
Que qui n'a point d'Amour n'a point de sentiment.

ARTENICE.

Vous aymez & servez avec tant de constance,
Que qui n'a point d'amour n'a point ˮde cognoissan-

TISIMANDRE.   (ce.

Je sçay que vos appas sont adorez de tous,
Et si j'avois deux cœurs, j'en aurois un pour vous :
Mais le mien désormais n'est plus en ma puissance.

ARTENICE.

L'on ne peut trop louër vostre perseverance ;
Je voudrois que l'Amour qui vous peut esmouvoir,
Avecque le désir m'eust donné le pouvoir
De vous faire oublier ce cœur inexorable.

TISIMANDRE.

Cessez, belle, cessez de m'estre favorable,
Lors que j'ay mesprisé l'heur de vostre amitié
J'ay rendu mon tourment indigne de pitié :
Quiconque vous a veuë, & ne tasche à vous plaire,
N'est pas digne de voir le jour qui nous esclaire :
Souffrez donc que du sort le juste chastiment
Punisse mon Amour de cet aveuglement :
Afin que vos beautez à qui j'ay fait l'offense
Puissent par mon trespas en avoir la vengeance.

ARTENICE.

Je ne gagneray rien contre cet obstiné,
Le mal qui le possede est trop enraciné :
Il n'entend point raison, mon entreprise est vaine,
Il ne veut pas guerir, il se plaist en sa peine,
Il s'en va tout courant la mettre en liberté
Dans les antres affreux d'un Désert escarté,
Qui ne sont point si noirs que sa mélancholie,
Ny leurs rochers si durs que le cœur d'Ydalie.
Pour moy je veux sçavoir si j'auray tout perdu,

Lucidas ne vient point, c'est assez attendu ,
Je m'en vais le chercher pour passer mon envie
De sçavoir du Devin , ou ma mort , ou ma vie.

SCENE IV.

POLISTENE. LUCIDAS. ARTENICE.

POLISTENE.

AU creux de ces rochers d'où l'éternelle nuict
A chassé pour jamais la lumiere & le bruit ,
J'ay choisi mon séjour loin de la multitude ,
Pour jouir en repos du plaisir de l'estude.
Par elle tous les jours comme maistre absolu ,
Je fais faire aux Démons ce que j'ay résolu ,
Et mon pouvoir cogneu dans tous les coins du monde
Met c'en-dessus dessous le Ciel , la Terre & l'Onde :
Des jours je fais des nuicts ,des nuicts je fais des jours,
J'arreste le Soleil au milieu de son cours ,
Où la honte qu'il a d'obéyr à mes charmes
Souvent luy fait noyer son visage de larmes :
Les brouillards par le frein de mes enchantements
Dans le vague de l'air changent leurs mouvements ,
Et portent où je veux sur l'onde & sur la terre
La tempeste , le vent , la gresle & le tonnerre.
Quand le fier Aquilon l'horreur des Matelots
Met la guerre civile en l'Empire des flots ,
Bien qu'il ait de Neptune irrité la puissance ,
Mon seul commandement excuse son offence :
Bref , je suis tout-puissant , si-tost que des Enfers
Mon art a délivré les esprits de leurs fers :
N'est-il pas vray ,Démons , spectres ,images sombres,

Noirs ennemis du jour, phantofmes, lares, ombres,
Horreur du genre humain trouble des élémens,
Qu'eſt-ce qui vous rend ſourds à mes commande-
    mens?
Que retardez-vous tant? hé quoy! trouppe infidelle,
Ne cognoiſſez-vous pas la voix qui vous appelle?
Defcouvrez des Enfers le funeſte appareil,
Que l'horreur de la nuict faſſe peur au Soleil,
Faites couler le Styx deſſus noſtre hemiſphere,
Et faites ſéoir Pluton au thrône de ſon Frere,
Tonnez, greſlez, ventez, eſtonnez l'Univers,
Monſtrez voſtre pouvoir & celuy de mes vers.
Et vous qui dans un verre en formes apparentes
Imitez des abſents les actions préſentes,
Faites voir Ydalie avec ſon favory   •
Jouir des privautez de femme & de mary;
Afin que ſa rivale en voyant cette feinte,
Quitte la paſſion dont ſon ame eſt atteinte,
Et que de ce tyran qu'on craint meſme aux Enfers
Nous briſions aujourd'huy les priſons & les fers.
LUCIDAS.
Voilà, ma belle ingrate, où le Devin demeure,
Si vous le voulez voir, allons tout à cette heure,
Car je l'entends desja ſur le haut de ces monts
D'une voix eſclatante invoquer les Démons.
ARTENICE.
Allons donc, Lucidas.
LUCIDAS.
Allons, belle Artenice
Sçavoir de mon Rival l'infidelle artifice.
POLISTENE.
Mais je croy que desja voilà ce pauvre Amant,
Qui cherche dans mon art la fin de ſon tourment.
LUCIDAS.
Venerable vieillard, dont l'obſcure ſcience

Ne tire sa raison que de l'expérience ;
Et dont nos sens ravis, & non pas satisfaits
D'une cause incogneuë admirent les effets, [veilles
Quand vostre art leur découvre en ces noires mer-
Les secrets ignorez des yeux & des oreilles :
Je vous viens retrouver désireux de sçavoir
Ce que dans vostre glace il me doit faire voir ;
Permettez qu'avec moy ceste jeune Bergere
Contente son désir à voir ce qu'elle espere.

POLISTENE.

Mon fils, je le veux bien, vous pouvez librement
De tout ce que je puis user absolument :
Mais je crains que ceste ame encore jeune & tendre
Ne transisse de peur, mais qu'il luy faille entendre
Les foudres esclattans, & les horribles cris
Que font autour de moy ces bijarres esprits.

ARTENICE.

Non, non, ne craignez point, je suis bien asseurée,
Avant que d'y venir je m'y suis préparée.

POLISTENE.

Je vay donc de ce pas mes charmes commencer ;
Ne bougez de ce lieu, gardez d'outrepasser
Les bornes de ce cerne imprimé sur la terre :
Ne vous ennuyez point, je vay querir le verre
Où mes enchantemens feront voir à vos yeux
Ce que le monde croit n'estre veu que des Dieux.

ARTENICE.

Nous attendrons long-temps.

LUCIDAS.

                    C'est ce que j'apprehende,
Mais il faut trouver bon tout ce qu'il nous comman-

ARTENICE.   (de.

Dieux ! qu'est-ce que je voy ?

LUCIDAS.

                    Dieux ! qu'est-ce que j'entens !

ARTENICE,

ARTENICE.

Que de Monstre hideux !

LUCIDAS.

Que de feux esclattans,
D'horribles tourbillons, d'esclairs & de tempestes,
Dans ce nuage espais s'assemblent sur nos testes !

ARTENICE.

Tout le Ciel est couvert d'une noire vapeur.

POLISTENE.

Ne vous estonnez point, vous n'aurez que la peur.

ARTENICE.

Faites donc appaiser cet horrible tonnerre,
Qui semble menacer le Ciel, l'onde & la Terre.

POLISTENE.

Courage, mes enfans, bien-tost je me promets
De vous rendre le jour aussi clair que jamais.

ARTENICE.

Je croy qu'il dira vray, la nuë est dissipée,
La terre de brouillards n'est plus enveloppée,
Son sçavoir admiré des ames & des yeux
Rend le beau temps au monde, & le Soleil aux Cieux :
Dieux ! que sur ces Démons il s'est acquis d'empire !
Voyez quel changement, ils font ce qu'il désire !
Et semble qu'il les tient sous son pouvoir enclos,
Comme Eole les vents, ou Neptune les flots.

POLISTENE.

Tenez, jeunes Bergers, considerez ce verre,
C'est le portraict naïf des secrets de la terre.
Maintenant que mon art à sa puissance joint
Luy fait rendre à nos yeux les objets qu'il n'a point,
Commencez-vous à voir ?

LUCIDAS.

Nous commençons à peine
A descouvrir un peu des deux bords de la Seine,
Qui serrant en ses bras ces beaux champs plantureux,

F

Fait cognoistre à chacun l'amour qu'elle a pour eux;
Quel esclat de grandeurs reluit en ces rivages !
Quel amas de Palais riches de leurs ouvrages !
Où la nature & l'art semblent de tous costez
Disputer à l'envy le prix de leurs beautez ;
Que ces ruisseaux d'argent fugitifs des fontaines,
Coulent de bonne grace au travers de ces plaines !
Voyez-vous au-dessous de ce petit couppeau,
Le Berger Alcidor qui meine son Trouppeau ?

ARTENICE.

Ouy certes je le voy bien près de sa maistresse;
On reconnoist assez le désir qui les presse.

LUCIDAS.

Le vermillon leur vient, ils entrent dans le Bois,
Tous deux sous un ormeau s'assissent à la fois :
Que je voy de baisers prins à la desrobée !

ARTENICE.

O Dieux ! en quel malheur se voit-elle tombée ?
Que leurs sales plaisirs détestez en tous lieux,
Font de peine à mon cœur & de honte à mes yeux :
Que long-temps cet affront vivra dans ma memoire.

LUCIDAS.

Au moins vous l'avez veu, vous n'en vouliez rien
    croire.

ARTENICE.

Je n'en ay que trop veu pour mon contentement,
Peut-on plus se fier en la foy d'un Amant ?
Va, triomphe à ton aise, esprit plein d'artifice,
De l'honneur d'Ydalie & du cœur d'Artenice,
En me voyant punie avec indignité
De m'estre trop fiée en ta legereté.
Quant à moy désormais le seul bien que j'espere,
Est de passer ma vie en un désert austere,
Où sage à mes dépens, je veux à l'avenir
Au seul amour du Ciel mes volontez unir.

LUCIDAS.

Vous pleurez une perte indigne de vos larmes,
La faute est à ses yeux & non pas à vos charmes,
Qui pourroient arrester les cœurs les plus legers,
Et contraindre les Dieux d'estre encore Bergers.

ARTENICE.

Que servent, Lucidas, toutes ces flateries ?
Je ne me repais plus de vos cajoleries,
Je prends congé du monde & de ses vanitez,
Qui succent le venin de tant d'impietez,
Adieu donc pour jamais plaisirs pleins d'amertume,
Adieu vaine esperance, où l'âge se consume,
Adieu feux insensez autheurs de mes ennuis,
Adieu doux entretien où je passois les nuicts,
Adieu rochers & bois, adieu fleuves & plaines,
Qui saviez de mon cœur les plaisirs & les peines;
Adieu sages parens de qui les bons advis
En mon aveuglement furent si mal suivis,
Adieu pauvre Berger dont la perseverance
Reçoit de mon amour si peu de recompence ;
Adieu sage Vieillard dont l'art prodigieux
Fait que la verité se découvre à mes yeux :
Adieu cheres brebis qui parmy ces campagnes
Me serviés tous les jours de fidelles compagnes,
Adieu donc Lucidas, encore un coup adieu,
Je vay finir mes jours dedans quelque sainct lieu,
Où jamais le malheur ne me pourra déplaire.

LUCIDAS.

Comment ! c'est tout de bon ?

POLISTENE.

     Il la faut laisser faire;
Un mal si violent est sourd à la raison,
Son secours à present seroit hors de saison,
Le temps seul peut guerir une si grande playe.

LUCIDAS.

Pere , vous dites vray , c'eſt en vain qu'on eſſaye
Aconſoler une ame au fort de ſon malheur ;
Les remedes trop prompts irritent la douleur :
Il faudra donc attendre,& le mieux pour cette heure
Eſt d'aller au village où ſon pere demeure ,
Afin de l'advertir qu'il la ſuive de près
Cependant que le mal eſt encore tout frais.

SCENE V.

ALCIDOR. YDALIE. ARTENICE

ALCIDOR.

QUe le Soleil eſt haut ! desja de ces colines
L'ombre ne s'eſtend plus dans les plaines voi-
ſines ,
Desja les Laboureurs laſſez de leurs travaux,
Tous ſuants & poudreux emmeinent leurs chevaux,
Desja tous les Bergers ſe repoſent à l'ombre ,
Et pour ſe feſtoyer des mets en petit nombre,
Que la peine & la faim leur font trouver ſi doux,
Font ſervir au beſoin de table à leurs genoux :
Les oyſeaux aſſoupis la teſte dans la plume
Ceſſent de nous conter l'amour qui les conſume,
L'air eſt par tout ſi clair, qu'il deffend à nos yeux
D'admirer les Saphirs , dont il pare les Cieux :
Le Soleil trop à plomb nous voit ſur ce rivage,
Il nous faut retirer , & nous mettre à l'ombrage
De ce bocage eſpais , où l'on diroit qu'Amour
A voulu marier la nuict avec le jour.

YDALIE.

Helas ! mon frere, helas ! en quelque part que j'aille
Je ne puis moderer le feu qui me travaille.
J'ay par tout le Soleil autheur de mon ennuy,
Les antres ny les bois n'ont point d'ombre pour luy.

ALCIDOR.

Quelle secrette ardeur vous ronge le courage ?

YDALIE.

Ce que j'ay dans le cœur se lit dans mon visage ;
Je voudrois bien le dire & ne le dire point,
Je sçay bien en cela ce que l'honneur m'enjoint,
Et ne puis sans rougir, quoy que je me propose,
En vous le descouvrant en descouvrir la cause.

ALCIDOR.

Pourquoy, ma chere sœur ? quelle timidité
Retient vostre discours en cette obscurité ?

YDALIE.

Pleust à ce petit Dieu qui me reduit en cendre
Que sans vous en parler vous le peussiez entendre.

ALCIDOR.

Avez-vous des secrets, dont vous n'osiez parler
A celuy dont le cœur ne vous peut rien celer ?

YDALIE.

Las ! c'est aussi le seul que je ne vous puis dire.

ALCIDOR.

Quand vous me le diriez, en deviendroit-il pire ?
Ay-je quelque interest en vostre passion,
Qui vous fasse doubter de ma discretion ?

YDALIE.

Au trouble où je me voy je ne sçay comme faire,
Je ne vous l'ose dire, & ne vous le puis taire.

ALCIDOR.

Ma sœur, ne craignez point, dites-le librement,
Il ne faut point rougir pour avoir un Amant :
La seule opinion rend ce plaisir blasmable,

Et si c'est un peché, le Ciel mesme est coupable,
Combien qu'il le deffende, il en est desireux :
Il est au renouveau de la terre amoureux,
Il void de tous ses yeux ses beautez rajeunies,
Elle sent dans son cœur leurs flames infinies,
Et s'estoilant de fleurs, tasche à se conformer
Avec celuy qui l'ayme, & qu'elle veut aymer.
Leur mutuelle ardeur rend la terre feconde,
Et le feu s'en repand dans tous les cœurs du monde,
Ces rochers & ces bois n'entendent nuict & jour
Que de pauvres Bergers qui se pleignent d'amour :
S'ils ne sont point suspects aux secrets de tant d'au-
  tres,
Quelle crainte avez vous de m'y dire les vostres?

YDALIE.

Que servira cela ?

ALCIDOR.

                    C'est un soulagement
D'oser en liberté declarer son tourment :
Il n'est rien de si doux aux ames bien atteintes
Que de pouvoir trouver à qui faire leurs plaintes.
Un mal se diminuë & n'est plus que demy,
Quand nous le partageons avecques nostre amy.

YDALIE.

Mais c'est à ces amis, compagnons de fortune
Qu'on ayme seulement d'une amitié commune.

ALCIDOR.

Ma sœur, c'est au contraire, à ceux qu'on ayme
  bien
Il faut ouvrir son cœur, & ne leur celer rien.

YDALIE.

Le mien vous est ouvert, ces souspirs tout de flame
Vous descouvrent assez ce que j'ay dedans l'ame.

ALCIDOR.

Ces souspirs enflamez dont je suis spectateur

En difant voftre mal n'en difent point l'autheur.

YDALIE.

Las ! il ne m'entend point, je me rends trop obfcure,
Il a comme le cœur l'intelligence dure.

ALCIDOR.

Je ne fçay pas de vray pourquoy vous differez
A me nommer celuy pour qui vous foufpirez ?

YDALIE.

Vous le verrez bien toft, & fans beaucoup de peine,
Si vous baiffez les yeux dans les flots de la Seine.

ALCIDOR.

Helas ! je vous entends, & tiendrois à bon-heur
D'avoir en moy dequoy meriter cét honneur.
J'ay pitié de vous voir le vifage fi blefme.
Affez depuis trois ans j'ay cogneu par moy-mefme
Quel tourment c'eft d'aymer, & de n'efperer rien;
Je deplore en cela voftre fort & le mien.

YDALIE.

Vous feul à tous les deux pouvez donner remede.

ALCIDOR.

Ouy, fi j'eftois gueri du mal qui me poffede.

YDALIE.

Las ! gueriffez-vous donc à fin de me guerir.

ALCIDOR.

De manquer à ma foy j'aymerois mieux mourir.

YDALIE.

Voftre mort pour cela feroit mal employée.

ALCIDOR.

Heureux fi le deftin me l'avoit envoyée ;
Je ne fçaurois mourir pour un plus beau fujeé.

YDALIE.

Vos defirs feront mieux d'avoir un autre objeé.

ALCIDOR.

La Seine dans fon hét verra pluftoft fon onde
Rebrouffer contremont fa fource vagabonde,

Et pluſtoſt le Soleil luira dans les Enfers
Que ſeulement je penſe à ſortir de mes fers ;
Et qu'une autre beauté que celle d'Artenice
Ait jamais le pouvoir d'arreſter mon ſervice.

YDALIE.

Puis qu'elle n'eſt pas libre en ſon affection,
Vous n'en aurez jamais que de l'affliction,
Et vieillirez tous deux en ces pourſuittes vaines
Avant que de cueillir le loyer de vos peines :
Son pere & ſes parens ne le deſirent pas.

ALCIDOR.

Je ſuis aſſez content d'adorer ſes appas,
Combien que ſon deſtin ſoit à mes vœux contraire ;
L'honneur que j'en reçoy me tient lieu de ſalaire.

YDALIE.

Languirez-vous tousjours en ſi dure priſon ?

ALCIDOR.

Ouy, ſi je ne perdois le ſens & la raiſon.

YDALIE.

Appellez-vous raiſon d'aymer ſans eſperance ?

ALCIDOR.

La raiſon nous oblige à la perſeverance,
Après que nous avons engagé noſtre foy.

YDALIE.

Vous ne voulez donc point avoir pitié de moy ?

ALCIDOR.

Que peut un affligé, dont le mal incurable
A luy-meſme le rend luy-meſme inexorable ?
Mais ſi vous recevez quelque contentement
De me voir comme frere, & non pas comme amant,
Nous vous verrons tousjours ſans contrainte &
    ſans peine
En gardant nos troupeaux ſur le bord de la Seine.

YDALIE.

Puis que pour poſſeder le bon-heur de vous voir

II

Il faut regler mes yeux aux loix de mon devoir,
Bien qu'il soit mal-aisé, belle ame de mon ame,
De paroistre de glace estant toute de flame :
Toutesfois pour jouyr d'un bien qui m'est si doux
Je tairay pour un temps l'amour que j'ay pour vous.

ALCIDOR.

Vous me permettrez donc d'aller voir ceste belle,
Qui seule & sans troupeau dans ce bois se recele :
Beauté le cher soucy de tant de beaux esprits,
Qui d'une douce flame avez mon cœur espris :
Merveille d'icy-bas, chef-d'œuvre de nostre âge
Où la nature mesme admire son ouvrage,
Quel soin guide vos pas en ces lieux escartez ?

ARTENICE.

Quoy ! tu ne rougis point de tes desloyautez ?
Tu me parles encor, meschant, ingrat, parjure,
Après que tu m'as fait une si grande injure ?

ALCIDOR.

Quelle rage vous meut à me traitter ainsi ?

ARTENICE.

Ce que tout maintenant tu viens de faire icy.

ARCIDOR.

O quelle calomnie ! ô Dieux, quelle malice !

ARTENICE.

Voyez qu'il est meschant & remply d'artifice,
Laisse moy, desloyal, ne m'importune plus.

ALCIDOR.

Beauté dont mon malheur a son flus & reflus,
S'il vous reste dans l'ame un rayon de justice
Pour le dernier loyer de trois ans de service,
Differez d'un moment l'arrest de mon trespas,
Avant que de m'oüyr ne me condamnez pas.
O Dieux, elle s'en va sans me vouloir entendre !
O destins trop cruels, que voulez-vous attendre
A couper de mes ans le filet malheureux ?

G

N'estes-vous sans pitié que pour les amoureux ?
Et toy pere du jour, dont la flame feconde
Comble de tant de biens tout ce qui vit au monde,
Seul astre sans pareil arbitre des saisons,
Qui repands ta splendeur aux celestes maisons :
Jadis j'ay comparé des yeux de ma cruelle
La flame perissable à ta flame immortelle,
Pourquoy ne punis-tu pour t'avoir offensé
D'une éternelle nuict ce blaspheme insensé ?
A quoy me sert de voir ta lumiere importune ?
A quoy me sert la vie en butte à la fortune ?
Il vaut mieux, il vaut mieux en arrester le cours,
Et mourir une fois, que mourir tous les jours.

CHOEUR DES BERGERS,

IOUETS du temps & de l'envie,
Esprits dans le monde agitez,
Qui passez toute vostre vie
Beants après les vanitez :
Que vos desirs sont miserables !
Que vos grandeurs sont peu durables ;
Et que l'espoir est glorieux
Des ames devotes & sainctes
Qui libres de soings & de craintes
Vivent en terre comme aux Cieux.
   En une éternelle bonace
Tous leurs jours ont un mesme sort,
Leur vie exempte de menace
Ne voit l'orage que du port :
Au lieu que la nostre est complice
De tant de malheur & de vice,
L'un de l'autre se nourrissant

Qu'à bon droit la mieux fortunée
Porte envie à la deſtinée
De ceux qui meurent en naiſſant.
  Nos offences innumerables
Ne ſe peuvent plus endurer,
Les aſtres les plus favorables
Ont horreur de les éclairer,
Tant de ſignes dans les Planettes,
Tant d'éclypſes, tant de comettes,
Et tant d'effects prodigieux,
Ne ſont-ce pas des Propheties
Aux ames les plus endurcies
De la juſte fureur des Dieux ?
  Je ſçay bien que l'outrecuidance
Qui nous porte à l'impieté,
Nous figure leur providence
Sans pouvoir & ſans volonté :
Mais au premier coup de tonnerre,
Dont le Ciel menaſſe la terre
La frayeur ſaiſit les mortels ;
On voit leurs rages aſſoupies,
Et les ames les plus impies
Embraſſer le pied des Autels.
  O trois fois heureuſe Artenice !
Qui fais par generoſité
Ce que la terreur du ſupplice
Exige de leur laſcheté,
Et qui ſagement retirée
Des plaiſirs de peu de durée
Dont nous ſommes ambitieux,
En une paix douce & profonde
T'exempte du trouble du monde,
Et de la colere des Cieux.

ACTE III.

SCENE PREMIERE.

ARTENICE. PHILOTHE'E.

ARTENICE.

QUE cette vie est douce , he! que je suis con-
     tente
De me voir en ce lieu conforme à mon attente,
Que j'y trouve d'appas qui charment ma douleur!
Que le sort m'a renduë heureuse en mon malheur!
Doux poison des esprits , amoureuse pensée,
Qui me ramentevez ma fortune passée,
Esloignez-vous de moy, sortez de ces saincts lieux,
Les cœurs n'y sont espris que de l'amour des Cieux;
La gloire des mortels n'est qu'ombre & que fumée;
C'est une flame esteinte aussi tost qu'allumée.
Desillez vous les yeux , vous dont la vanité
Prefere cette vie à l'immortalité.
Maintenant que je gouste une paix si profonde ,
Que j'ay pitié, ma sœur, de ceux qui sont au monde,
Et qui sur cette arene esmeuë à tous propos ,
Fondent sans jugement l'espoir de leur repos!

PHILOTHE'E.

Ma sœur, ne plaignez point ceux que le sort convie

A passer loin de nous la course de leur vie
Parmy les vanitez qui ne sont point icy,
Où le combat est grand, la gloire l'est aussi.
Nous vivons sur la terre en éternelle peine,
Et de plusieurs chemins par où le Ciel nous meine
Au repos glorieux qui nous est preparé,
Celuy que nous tenons est le plus asseuré :
Benissez donc, ma sœur, sa bonté paternelle,
Qui vous met au chemin de la vie Eternelle :
Et benissez aussi la tempeste du sort,
Qui du milieu des flots vous a jettée au port.
Les Dieux diversement nous retirent du monde,
L'esprit ne peut sonder leur prudence profonde :
C'est d'eux d'où le Soleil emprunte sa splendeur,
Il faut, en se taisant, admirer leur grandeur,
Alors que vous perdiez au milieu des delices
Qui cachent comme fleurs les abysmes des vices,
Ces esprits tousjours prests au secours des humains
Vous sauvent du naufrage, & vous tendent les mains.
Oubliez donc le feu de ce Berger parjure
Qui fait à vostre amour une si grande injure,
Donnez leur vos pensers, vostre ame & vos appas,
Ces amants tous parfaits ne vous tromperont pas.

ARTENICE.

Je vous croyray, ma sœur, leur bonté m'y convie,
Et tant que le destin me laissera la vie,
Jamais autre desir n'entrera dedans moy
Que de leur conserver mon amour & ma foy :
C'est en cette asseurance aussi douce que saincte,
Que je veux terminer mon espoir & ma crainte.

PHILOTHE'E.

Quand on vient en ce lieu devant que s'engager
Au veu que nous faisons, il faut bien y songer ;
Nostre reigle est estroicte & malaisée à suivre ;
Dans un desert austere, il faut mourir & vivre ,

Prendre congé du monde & de tous ses plaisirs,
N'avoir plus rien à soy, pas mesme ses desirs,
Mediter & jeûner avecques patience,
Et souffrir doucement la loy d'obedience :
Nous en voyons assez de pareilles à vous
Par un prompt desespoir se retirer chez nous :
Mais quand il faut jeusner, & faire penitence
Souvent leur desespoir se tourne en repentence :
Conseillez vous aux Dieux, pensez-y meurement,
Ne vous engagez point inconsiderément.

ARTENICE.

Ma sœur, ceste harangue est pour moy superfluë,
Avant que d'y venir je m'y suis resoluë,
Et croy qu'avec le temps j'eusse fait par raison
Ce que par desespoir j'ay fait hors de saison.

PHILOTHE'E.

Qui sont ces deux Vieillards que je voy dans la
    plaine ?

ARTENICE.

C'est mon pere & mon oncle ; ô Dieux qu'ils ont
    de peine,
Que je crains leur abord ! que je plains leur soucy,
Que je maudits le soing qui les ameine icy
Tourmenter mon esprit de leurs raisons frivoles,
Et perdre sans effect leurs pas & leurs paroles!

PHILOTHE'E.

Je vous laisseray seule, afin que librement
Ils vous puissent tous deux dire leur sentiment.

SCENE II.

SILENE. DAMOCLE'E. ARTENICE.

SILENE.

DANS ce triste sejour loin du peuple profane,
C'est où ma fille sert les Autels de Diane ;
Le bon-heur nous conduit, nous ne pouvions choisir
Un temps plus à propos selon nostre desir.
La voila toute seule au frais de ce bocage :
Ma fille, he ! qui vous meut à quitter le village
Pour venir demeurer en de si tristes lieux ?

ARTENICE.

Pour la haine du monde, & pour l'amour des Cieux.

SILENE.

D'où vous vient cette humeur en l'Avril de vostre
    âge ?
Si ce sont les effects d'une amoureuse rage,
Nommez nous en l'auteur.

ARTENICE.

              C'est tout ce que je crains
Que de vous declarer celuy dont je me plains,
Parce qu'en l'accusant moy-mesme je m'accuse.

SILENE.

Cet extreme remords dont vostre ame est confuse,
Repare assez le mal que vous tenez caché.

ARTENICE.

Vostre seule deffense en a fait un peché :
Si vos justes rigueurs, dont je fus menassée
Eussent peu trouver place en ma raison blessée,

Mon cœur ne plaindroit pas l'ennuy que je reçoy,
De voir un eſtranger m'avoir manqué de foy.
                SILENE.
Elle en a dit aſſez, nous le pouvons cognoiſtre,
L'excuſe qu'elle faict nous fait aſſez paroiſtre
Que c'eſt ce beau garçon qui demeure chez vous,
Depuis que le deſtin l'arreſta parmy nous.
                ARTENICE.
Mon pere, c'eſt luy-meſme, excuſez mon enfance :
Il eſt vray je l'aymois contre voſtre deffence,
Ce meſchant, cét ingrat, cét eſprit inconſtant.
                DAMOCLE'E.
Quel ſujet avez vous de vous en plaindre tant ?
                ARTENICE.
Ne vos enquerrez point de ceſte perſidie,
Vous la ſaurez trop toſt ſans que je vous la die.
                DAMOCLE'E.
Quel timide reſpect vous deffend d'en parler ?
Eſt ce quelque ſecret qu'on me doive celer ?
                SILENE.
Ma fille, dites luy, puis qu'il vous le commande.
                ARTENICE.
Par où commenceray-je? ô Dieux que j'apprehende
De vous entretenir de ce triſte diſcours,
Qui comblera d'ennuy le reſte de vos jours ! |
                DAMOCLE'E.
Dépeſchez-vous, ma niepce, en vain on me le cache,
Quand ce ſeroit ma mort, il faut que je le ſçache.
                ARTENICE.
D'un autre que de moy le puiſſiez vous ſçavoir.
                DAMOCLE'E.
Que de peurs à la fois vous me faites avoir,
Que vous m'apprenez bien qu'en un ſujet de plainte
Le plus ſouvent le mal eſt moindre que la crainte !

ARTENICE.

Le crime qu'Alcidor a fait contre sa foy
Vous offense, mon oncle, aussi bien comme moy.

DAMOCLE'E.

Est-ce point que ce traistre abusant de ma fille,
Avec elle eust taché l'honneur de ma famille ?

ARTENICE.

Helas ! j'en ay trop dit.

DAMOCLE'E.

       Je vous prie, achevez,
Et nous dites comment ils ont esté treuvez.

ARTENICE.

Que le seul souvenir des maux que je raconte
Me comble maintenant de tristesse & de honte.
Sur la rive de Seine en ces lieux escartez,
Que son cours sinueux borne de trois costez,
Est dans un petit bois un cabinet champestre,
D'où sans se faire voir l'on voit ses brebis paistre.
Là ces jeunes amants vont presque tous les jours
Esteindre en liberté le feu de leurs amours,
Et desja leurs plaisirs pensent couvrir leur crime
Sous le vœu fait entr'eux d'un Hymen legitime,
Et pensent que des maux, dont ils sont entachez,
Ils sont assez absous en les tenant cachez :
Mais Lucidas & moy consultans les mysteres
Que Polistene observe en ses grottes austeres,
Descouvrismes au jour d'un cristal enchanté
Ce que le bois cachoit dans son obscurité.

DAMOCLE'E.

O Dieux, que vistes-vous ?

ARTENICE.

       Je rougis quand j'y pense,
Et ma condition ne peut avoir dispense
De conter devant vous de quelles actions
Ils taschoient d'assouvir leurs folles passions.

Si toſt que le viellard imprimant ſur l'argile,
Eut achevé ſon cerne, ou pluſtoſt noſtre azile,
Et qu'il eut par trois fois invoqué les Demons
D'une voix eſtouffée en ſes foibles poulmons,
Dans l'air clair & ſerain maints nuages s'étendent
De mainte eſtrange voix les murmures s'entendent,
Des morts, paſles & froids ſortent du monument,
Il ſemble que l'enfer s'aſſemble au firmament,
L'air éclatte frappé de maint coup de tonnerre,
Et l'ombre de la nuiét environne la terre :
A l'heure la frayeur commence à me ſaiſir,
Tous mes ſens eſtonnez ne ſçavent que choiſir :
Mes vœux ſont ſans effeét auſſi bien que mes larmes,
Le vieillard cependant continuoit ſes charmes,
Un orage bouffy, qui ſe fendit en deux
Peupla l'obſcurité de phantoſmes hideux,
D'où des lances de feu, de reſpeét retenuës,
Deſcendent ſur ma teſte, & remontent aux nuës :
Et lors pour teſmoigner ſon pouvoir ſouverain,
Ses ſeuls commandemens rendirent l'air ſerain,
Des tourbillons eſmeus calmerent l'inſolence,
Et meſmes aux Zephirs,impoſerent ſilence :
Il preſente à mes yeux le criſtal enchanté,
Dont l'oracle muet m'apprit la verité,
Qui trop long temps cachée & trop toſt deſcouverte
A produit mon ſalut en produiſant ma perte :
Je me ſens toute eſmeue en regardant les lieux
Que cette glace offroit à mes timides yeux :
Qui de tant de brebis, dont la plaine eſt remplie
Ne cognurent d'abord que celles d'Ydalie.
Je contemple ce bois ſi plaiſant & ſi beau,
Qui fut de ſon honneur l'agreable tombeau :
J'entrevoy ſon amant au pied d'une colline,
Qui gardoit ſon troupeau dans la plaine voiſine,
Son regard à la fois en tous lieux attaché

Monstroit assez le soin dont il estoit touché :
Là ses moutons espars paissoient dans les campagnes,
Là ses chevres pendoient au sommet des montagnes,
Là son mastin veillant pour le salut de tous
Asseuroit leur repos des embusches des loups :
Il advise Ydalie au milieu de la plaine,
Il luy veut abreger la moitié de la peine.
Tous deux d'un pas égal s'advancent à la fois,
Ils traversent les prez, ils entrent dans le bois
Sans avoir que l'amour pour complice & pour guide,
Il semble qu'à regret elle suit ce perfide,
La crainte & le desir la troublent en tous lieux,
La honte est dans son teint, & l'amour dans ses yeux:
Elle resiste un peu ; mais c'est de telle sorte
Qu'on void bien qu'elle veut n'estre pas la plus forte;
Le cœur tout haletant, en vain elle taschoit
A moderer l'ardeur du feu qu'elle cachoit :
Mais enfin son amour triompha de sa honte,
Enfin de son honneur elle ne tint plus conte,
Elle se laisse en proye au desir du Berger.

DAMOCLE'E.

O desloyal, ô traistre, ô perfide estranger !
De qui l'ingratitude & l'amour impudique
Font d'un mal domestique une honte publique :
Est-ce là le loyer du soin que j'eus de toy
Lors que tu vins enfant te retirer chez moy ?

ARTENICE.

Il monstre bien qu'il est d'une ingrate nature,
De s'attaquer à vous, dont il est creature,
D'où peut-il desormais esperer de l'appuy ?

SILENE.

Vous avez en sa faute autant de tort que luy :
Tous les jeunes Bergers vivent sur la commune ;
Sans respect & sans crainte ils cherchent leur fortu-
Laisser sa fille seule avec ces jeunes foux,   [ne:

C'est mettre une brebis à la garde des loups.
Si vous eussiez eu soin de la tenir sujette ,
Elle n'eut jamais fait la faute qu'elle a faite.

DAMOCLE'E.

Vous dites vray , mon frere.

SILENE.

                        Il n'en faut plus parler.

DAMOCLE'E.

Que je suis miserable !

SILENE.

                        Il se faut consoler.

DAMOCLEE.

La mort seul a pouvoir de consoler mon ame ,
Mais il faut que devant je me lave du blasme
Dont cette fille infame a mon bon-heur taché ,
Et que dessus l'Autel expiant son peché ,
Son juste chastiment à sa faute responde
Pour la gloire du Ciel & l'exemple du monde.

ARTENICE.

O Dieux ! qu'il est cruel ?

SILENE.

                        Ce n'est pas sans raison ;
Cette offence à jamais tacheroit sa maison.

ARTENICE.

Après tant d'accidens qu'à toute heure on void
        naistre ,
C'est n'avoir point de sens que de ne point cognoi-
        tre
Que qui vit dans le monde, il vit dans le malheur.

SILENE.

Il falloit que mon frere eust part à ma douleur,
Il n'avoit comme moy que ceste seule fille ,
Il perd en la perdant l'espoir de sa famille ,
Et moy si je vous perds, je perds en mesme temps
Le seul bien qui rendoit tous mes desirs contens.

Voftre bon naturel maintenant vous convie
D'avoir pitié de ceux dont vous tenez la vie,
Ce froid & pafle corps, victime du tombeau,
Verra bien toft fes jours efteindre leur flambeau.
Attendez le fuccez des triftes deftinées,
Qui détordent desja le fil de mes années :
Helas ! ma fille, helas ! qui me clorra les yeux,
Mais que mon palle efprit foit monté dans les
     Cieux ?

ARTENICE.

Je fçay ce que je dois à l'amour paternelle,
Mais il faut obeyr à celuy qui m'appelle,
Et qui mon premier Pere a voulu prendre foing
De me tendre les bras, & m'aider au befoing.

SILENE.

Les Dieux, que vous fervez en ce defert auftere
N'oftent point les enfans d'entre les bras du pere :
Ce n'eft point leur confeil qui vous meut à cecy,
Rien que le defefpoir ne vous ameine icy.

ARTENICE.

Le foin continuel de noftre bon Genie
Par des moyens divers nos volontez manie,
Et de quelque façon qu'il nous vueille infpirer,
Il luy faut obeyr, & ne point murmurer.
Bien que le defefpoir d'une flame amoureufe
Ait conduit ma fortune en cefte vie heureufe,
Puis qu'ainfi l'Eternel pour mon bien le voulut,
D'un defefpoir naiftra l'efpoir de mon falut.

SILENE.

Penfez-vous le trouver en cefte trifte vie
Pluftoft que dans le monde où l'âge vous convie ?
Eftimez-vous que ceux qui n'ont fait que pour nous
Les plaifirs d'icy bas auffi juftes que doux,
Vueillent pour leur fervice en deffendre l'ufage ?

ARTENICE.

Croyez-vous que ce lieu solitaire & sauvage
En esloignant de nous la crainte & le desir,
Esloigne de nos cœurs tout sujeɕ de plaisir ?
Voyez ces bois espais, voyez ceste verdure,
Ces promenoirs dressez par le soin de nature,
Et ce temple où les cœurs vrayment devoticux
Destinent leur repos à la gloire des cieux ;
Voyez en cét enclos les lieux où Philothée
Fait depuis si long temps sa demeure arrestée,
Et vous-mesme avoüerez, 'exempt de passion,
Qu'ils n'ont pas moins d'attraits que de devotion,

SCENE III.

CLEANTE.

HELAS ! que de l'amour les passions diverses
Dans l'esprit des mortels aportent de traverses:
De combien de tourment, de peine, & de desir
Il nous faut achepter un moment de plaisir :
Ce miserable amant plus fidelle que sage
Aux despens de sa vie en fait l'apprentissage,
Il s'est precipité pour finir son ennuy
Dans les flots plus humains à luy-mesme que luy:
La vague courroucée & d'escume couverte
Mesme au fort de son ire eut pitié de sa perte,
Par trois ou quatre fois elle l'a souslevé
Pour le rendre à la terre où je me suis treuvé :
Mais sa vie & sa mort sont encore incertaines.
Une tiede chaleur est restée en ses veines,
Et semble que son cœur fait ses derniers efforts

Pour retenir son ame aux prisons de son corps.
Je voudrois bien me rendre à son mal secourable,
Mais en le secourant je me rendrois coupable :
Ceux qui de ce malheur ne s'informeroient pas,
Me jugeroient moy-mesme autheur de son trespas.
Un temple de Diane est au bord de cette onde,
Où les cœurs nettoyez des soüilleures du monde,
Sçavent des faits douteux choisir la verité,
Avec moins d'artifice, & plus d'integrité :
Je m'en vais en ces lieux amis de l'innocence
Implorer de quelqu'un la fidelle assistance.

SCENE IV.

ALCIDOR. CLEANTE. ARTENICE SILENE.

ALCIDOR.

EN quel lieux m'a conduit la cruauté du sort ?
Suis-je en terre ou dans l'eau, suis-je vivant ou
   mort ?
Qu'est-ce qui tient encor mon ame prisonniere ?
D'où provient à mes yeux ceste triste lumiere ?
Quoy ! le Ciel ou l'Enfer ont-ils quelque flambeau
Qui trouble le repos en la nuict du tombeau ?
Que ne suis-je en ces lieux éternellement sombres ?
Me refuse-t'on place en la troupe des ombres ?
Veut-on qu'errant tousjours sous la voûte des
   Cieux
J'esprouve en tous endroits la justice des Dieux?
Ou que mon passe esprit, vaine terreur du monde,
Se plaigne incessamment aux rives de cette onde,

Où mon cœur au mespris de la Divinité
N'aguere idolatroit une ingratte beauté ?
N'est-ce pas là le bois, n'est-ce pas là la plaine
Où vivant j'avois soin de mes bestes à l'aine ?
Ces valons reculez de la flame du jour,
N'est-ce pas où j'allois souspirer mon amour ?
A ces vieux bastimens de qui l'on voit à peine
Les ornemens du faiste estendus sur l'arene
A ces murs esboulez par la suitte des ans,
Je recognois ces lieux autresfois si plaisans,
Quand la belle Artenice, honneur de son village,
Amenoit son troupeau dans nostre pasturage.
Ces aliziers tesmoins de nos plaisirs passez
Ont encor en leur tronc nos chiffres enlacez :
Cette vieille forest d'éternelle durée
L'accusera sans fin de sa foy parjurée.
Ces vieux chesnes ridez sçavent combien de fois
Ses plaintes ont troublé le silence des bois,
Lors qu'en la liberté de leur ombre immortelle
Elle osoit prendre part au mal que j'ay pour elle.
Vivez doncques forests, vivez doncques tousjours,
Pour estre les tesmoins de nos chastes amours.
Mais que de visions qui passent & repassent,
Que de phantosmes vains en ces rives s'amassent !
Sont-ce morts ou demons qui s'approchent de moy ?
Tout fait peur à mes yeux. Dieux ! qu'est-ce que je
Belle ame, le miroir des ames les plus belles (voy ?
Avez vous donc quitté vos despouilles mortelles ?
Quels tourmens douloureux ? quels funestes remors
Vous ont fait ennuyer dedans un si beau corps ?
Quoy ! voulez vous encor, ô ma chere infidelle,
Traverser mon repos en la nuict éternelle ?
Quel destin malheureux vous a conduite icy ?

CLEANTE.

Ne vous estonnez point de ce qu'il parle ainsi,

L

La fureur le domine avec tant de puissance
Que sa raison malade en perd la cognoissance.
ARTENICE.
Quelque mal que je veuille à sa desloyauté,
J'ay pitié de le voir en ceste extremité ;
Le tort qu'il m'avoit fait n'estoit pas une offence
Qui le deust obliger à tant de penitence :
Il le faut advoüer, je plains bien son malheur,
Mon pere, pardonnez à ma juste douleur :
On ne la peut celer quand elle est de la sorte,
Helas ! je n'en puis plus, le mal qui le transporte
M'a troublé tous les sens aussi bien comme à luy.
SILENE.
Ma fille, appaisez-vous, moderez vostre ennuy,
Domptez vostre douleur avant qu'elle s'augmente :
O Dieux, elle se meurt ! secourez-moy, Cleante.
CLEANTE.
Helas ! auquel iray je, ils se meurent tous trois ;
Tous trois sont estendus sans parole & sans voix,
Qu'heureux estoit le siecle où parmy l'innocence
L'amour sans tyrannie exerçoit sa puissance,
Quand le Ciel liberal versoit à pleines mains
Tout ce dont l'abondance assouvit les humains ;
Et que le monde enfant n'avoit pour nourriture
Que les mets apprestez par le soin de Nature,
L'esgalité des loix chassoit l'ambition,
Pas un ne se plaignoit de sa condition,
Le sanglant desespoir, ny l'envie au teint blesme
N'avoient point rendu l'homme ennemy de soy-mes-
La vieillesse caduque ignorant leur effort   (me.
A pas lents & certains nous menoit à la mort :
Les yeux n'estoient point faits à l'usage des larmes,
L'Amour n'estoit point Dieu de malheurs & d'a-
        larmes,
La honte ny l'honneur qui regnent aujourd'huy

H

Ne s'estoient point encor revoltez contre luy,
Il estoit absolu dessus les belles choses,
Son arc au lieu de traicts ne tiroit que des roses,
Et nos desirs vaincus par nos contentemens
Ne servoient aux plaisirs que d'assaisonnemens.

ALCIDOR.

D'où viens-je ? qu'ay-je fait ? quelle rage aveuglée
A depuis si long temps ma raison desreiglée ?
Qui m'a mis en ce lieu ? qui sont ceux que je voy
Au long de ce rivage estendus comme moy ?
D'où vient que ce vieillard sans voix & sans haleine
Souftient ainsi la teste à ma belle inhumaine ?
O Dieu ! elle se meurt : tout le monde est en pleurs :
Helas ! pourquoy destin, pour voir tant de malheurs
Rendez vous à mes sens l'usage de la vie ?

CLEANTE.

Berger, consolez-vous, l'amour vous y convie,
Afin de consoler ceste jeune beauté
Qui prend part à l'ennuy qui vous a tourmenté !

ALCIDOR.

O l'heureux changement ! que dites vous, Cleante ?

CLEANTE.

Vostre mal a causé la douleur violente
Qui l'a mise em l'estat où vous la pouvez voir.

ALCIDOR.

Qu'Amour & la fortune ont sur nous de pouvoir !
O cœur de diamant, helas ! est-il possible
Qu'à la fin la pitié vous ait rendu sensible ?
Inhumaine beauté, que je benis vos fers,
Puis que vous prenez part aux maux que j'ay souf-
        ferts !
Las ! si la voix vous manque ainsi que le courage
D'un seul clin de vos yeux donnez m'en témoignage,
Afin qu'avant ma mort je puisse encore voir
Ces astres dont ma vie adoroit le pouvoir,

Pour la derniere fois soyez moy favorable,
ARTENICE.
Est-ce vous mon Berger ? est-ce vous miserable ?
Quel desespoir vous rend si sourd au reconfort ?
Helas ! gardez-vous bien d'advancer vostre mort.
Je mourrois avec vous, nos amoureuses flames
Font dans un mesme cœur respirer nos deux ames.
ALCIDOR.
N'ayez point ceste peur, beaux astres inhumains,
Vous tenez pour jamais mon destin en vos mains,
Quand mesme la douleur m'auroit l'ame ravie,
Vous auriez le pouvoir de me rendre la vie.
ARTENICE.
Ne parlons plus de mort, mettons fin à nos pleurs:
Quelque jour le destin finira nos malheurs.
ALCIDOR.
Tout ce que j'en desire est que mon innocence
Vienne avant mon trespas à vostre cognoissance.
ARTENICE.
Quand d'infidelité vous seriez entaché,
Vostre extreme remords absoult vostre peché.
ALCIDOR.
S'il m'estoit arrivé de vous estre infidelle,
Je ne pourrois souffrir de mort assez cruelle.
CLEANTE.
Guerissez vous tous deux pour jouïr des plaisirs
Qu'un heureux Hymenée appreste à vos desirs.
ALCIDOR.
Si jamais le bon-heur accorde à mon envie
De voir d'un si beau nœud ma franchise asservie,
Je veux quand je perdray la lumiere du jour
Que mon dernier souspir soit un souspir d'amour,
Et que l'effort du temps, à qui tout est possible,
Perde contre ma foy le tiltre d'invisible.

SILENE.

Je ne me vis jamais si touché de pitié,
Il me faut malgré moy souffrir leur amitié :
Sus donc, mes chers enfans, qu'aux nopces l'on
    s'appreste ;
Je veux dès à ce soir en commencer la feste :
Pardonnez-moy tous deux, si trop injustement
J'ay tousjours traversé vostre contentement.
Allons donc au logis : venez aussi, Cleante,
Voir accomplir l'Hymen d'une amour violente :
Venez disner chez moy, vous n'y trouverez pas
Ces mets servis par ordre aux superbes repas
Qui de tant d'artifice ont leur grace pourveuë
Qu'il semble n'estre faits que pour paistre la veuë,
Mais ce qui se pourra selon ma pauvreté,
D'un cœur libre & sans fard vous sera presenté.

CHOEUR DES BERGERS.

TOUSJOURS la colere des Cieux
  Ne tonne pas dessus nos testes,
Tousjours les vents seditieux
N'enflent pas la mer de tempestes,
Tousjours Mars ne met pas au jour
Des objects de sang & de larmes,
Mais tousjours l'empire d'Amour
Est plein de troubles & d'alarmes.
    Que le siecle d'or fut heureux
Où l'innocence toute pure
Ne prescrivoit aux amoureux
Que les seules loix de naturel
Combien depuis ce premier temps

La honte, l'honneur & l'envie
Ont aux esprits les plus contents
Aigry les douceurs de la vie !
　　Dés l'heure l'on vit en tous lieux
S'eslever la puissance feinte
D'un nombre infiny de faux Dieux
Incogneus enfans de la crainte.
L'ambition fille d'Enfer
Mist le Sceptre à la main des Princes,
Et Bellone avecques le fer
Partagea la terre en Provinces.
　　Ses champs n'estoient point divisez,
Les richesses estoient égales,
Les antres qu'elle avoit creusez
Servoient de chambres & de sales :
Mais le monde hors de propos
Y fist murailles sur murailles,
Et pour luy deschirer le dos
Tira l'acier de ses entrailles.
　　Parmy les jeux & les festins
Nos jours comblez d'heur & de joye
Par les mains de mesmes destins
Estoient faits d'une mesme soye,
La faveur ne faisoit point voir
L'un au ciel, l'autre dans la bouë,
Et la fortune sans pouvoir
N'avoit point encore de rouë.
　　Mais de tous ces soins rigoureux
Qui regnans dans l'esprit des hommes
Font croire ceux-là malheureux
Qui naissent au Siecle où nous sommes ;
Ce qui nous doit le plus fascher,
Est cét honneur qui nous ordonne
D'acheter & vendre si cher
Les plaisirs que l'amour nous donne.

ACTE IV.

SCENE PREMIERE.

ARTENICE. CLORISE.

ARTENICE.

TU ne peux ignorer, ô ma chere Clorise,
De quelle affection je cheris ta franchise :
Tu lis dans mes pensers qui ne s'ouvrent qu'à toy
Combien ton jugement a de pouvoir sur moy.
C'est la raison, mon cœur, pourquoy je t'importune
De prendre maintenant le soing de ma fortune ;
Tu sçais comme Alcidor après ses longs travaux
A selon ses desirs surmonté ses rivaux :
Et comme son amour qui tousjours persevere
A touché de pitié la rigueur de mon pere :
Je pense qu'à ce soir nous nous donnons la foy,
Je ne te puis celer l'aise que j'en reçoy.
Mais comme à tous les biens que le Ciel nous
  envoye
Tousjours quelque douleur se mesle à nostre joye,
Un doute assez fascheux qui n'est point esclaircy,
Tenant mon cœur glacé d'un timide soucy,
Me fait apprehender, si je te l'ose dire,

La fin du mariage où mon amour aspire.
CLORISE.
Vous me le devez dire , & ne me rien celer ,
Je souffrirois la mort plustost que d'en parler :
Il ne faut rien cacher aux personnes qu'on ayme,
Je suis auprès de vous comme un autre vous-mesme;
Ce seroit faire tort à mon affection
Que de vous défier de ma discretion.
ARTENICE
Il faut donc t'advoüer le regret qui me presse
D'aller contre l'advis de la bonne Deesse ,
Qui s'apparoist la nuict aux yeux de mon penser ,
Et d'un front courroucé me semble menasser
De rendre en mes amours ma vie infortunée ,
Si je ne me marie au sang d'où je suis née.
Je l'ay tousjours servie avec devotion
Depuis que l'on me mist en sa protection :
Aussi je recognois ses graces tousjours prestes
A me favoriser en toutes mes requestes.
Quand mon pere voulut inconsiderement ,
Préferant la richesse à mon contentement ,
Avecque Lucidas me rendre miserable ,
Ce qu'elle m'ordonnoit m'estoit fort agreable ;
Me promettant tousjours de les en degager ,
Quand je remonstrerois qu'il estoit estranger ;
Mais ma mere Chrisante à qui je dis mon songe ,
Non sans quelque raison le print pour un mensonge;
Estimant qu'à dessein je l'avois inventé
Pour empescher l'accord qu'elle avoit projetté.
Et moy qui ne voyois que le seul Tisimandre ,
Où selon cét advis mes vœux peussent pretendre ;
Mon cœur n'estant pas libre en ceste élection,
Ce Berger fut l'object de mon affection.
Je fais ce que je puis pour divertir la flame
Que l'ingratte Ydalie a fait naistre en son ame :

Mais je travaille en vain, son malheur & le mien
Font que depuis cinq ans je n'y profite rien.
C'est pourquoy, mon amour, après tant de martyre
Je ne puis deviner ce que cela veut dire.
Et voguant en ces flots sans espoir d'aucun port
J'abandonne ma barque à la mercy du sort,
Si ton bon jugement à mon mal salutaire
Ne me donne conseil de ce que je dois faire.

CLORISE.

Toutes les Deïtez dont l'on sert les autels,
Et de qui la bonté veille pour les mortels,
Aux belles comme vous se monstrent favorables,
Et d'elles prennent soin comme de leurs semblables;
Vous y devez penser un peu plus meurement,
Et ne point rejetter cét advertissement.

ARTENICE.

Ce Berger me possede avec un tel empire,
Qu'il sera mal-aisé de m'en pouvoir desdire,
Et puis si je ne l'ay, que sçaurois-je esperer?

CLORISE.

Les Dieux y pourvoiront, il s'en faut asseurer;
Vous en verrez l'effect & dedans peu d'espace.

ARTENICE.

Cependant je vieillis, l'occasion se passe.

CLORISE.

Si la bonne Déesse a pour vous tant de soin,
Croyez qu'elle viendra vous ayder au besoin;
Aux choses d'importance il faut estre timide,
Comme elle est vostre espoir, qu'elle soit vostre
    guide,
Elle est aussi presente en la terre qu'aux Cieux.

ARTENICE.

Mais dis moy donc, mon cœur, que puis-je faire
    mieux
Que de prendre un mary jeune, galant & sage,

Et qui de son amour m'a rendu tesmoignage?
CLORISE.
Craindre les Immortels, suivre leur volonté.
ARTENICE.
Il n'en faut plus parler, le sort en est jetté,
Vos raisons desormais sont pour moy superfluës ;
En vain l'on prend conseil des choses resoluës,
Quand les Dieux me devroient envoyer le trespas
Je ne puis avoir pis que de ne l'avoir pas.

SCENE II.

TISIMANDRE.

VERRAY-je donc tousjours mon esperance vaine?
Perdray-je sans loyer ma jeunesse & ma peine?
Aimeray-je tousjours sans jamais estre aimé,
Brusleray-je tousjours sans estre consumé ?
En vain je pousse aux Cieux mes plaintes effroyables,
Les Dieux sont impuissans, ou sont impitoyables ;
Je cherche le remede & ne veux pas guerir,
Je me déplais de vivre & ne sçaurois mourir,
Malheureux que je suis, quelle chaude furie
Me fait passer les jours en cette resverie ?
Que me sert de chercher les bois les plus secrets
Pour les entretenir de mes justes regrets,
Imprimer sur leur tronc les chiffres d'Ydalie,
Ne nourrir mon esprit que de melancolie,
Mediter tous les jours des supplices nouveaux ?
Nous n'en sommes pas mieux ny moy ny mes trou-
    peaux.
Mes brebis ont en nombre égalé les estoilles ;

I

Dont les plus claires nuicts enrichissent leurs voiles,
Et mes jerbes lassant le soigneux moissonneur
Rendoient les plus contens jaloux de mon bonheur:
Mais à present tout suit mes tristes destinées, (nées,
Mes champs n'ont que du chaume aux meilleures an-
Et mes pauvres moutons se mourants tous les jours
Servent dans ces rochers de pasture aux Vautours.
Je suis en me perdant l'autheur de tant de pertes,
Je n'ay plus soin de rien, mes terres sont desertes.
Tandis qu'en ces forests tout seul je m'entretiens,
Je laisse mon troupeau sur la foy de mes chiens.
Mes doigts appesantis ne font plus rien qui vaille,
Ny des paniers de jonc, ny des chapeaux de paille;
A peine me souvien-je en voyant ces roseaux,
D'avoir sceu compasser les trous des chalumeaux:
Autrefois mes travaux n'estoient point inutiles,
Ma besongne avoit cours dans les meilleures villes,
J'en rapportois tousjours en revenant au soir,
Quelque piece d'argent au coing de mon mouchoir:
Il faut, il faut quitter cette humeur solitaire,
Et reprendre le train de ma vie ordinaire,
Chasser de mon esprit ces inutiles soings,
Qui ne veulent avoir que les bois pour tesmoings,
Mespriser à mon tour celle qui me mesprise,
Et rompre sa prison pour ravoir ma franchise.
Mais, ô Dieux! qu'ay-je dit, amour pardonne-moy,
Je ne puis ny ne veux jamais vivre sans toy, (me,
Quand je parle autrement, je suis hors de moi-mes-
Contre une Deïté je commets un blasphéme:
Je te voy dans ses yeux plus puissant que jamais,
Fais ce que tu voudras, à tout je me sousmets:
Aussi bien ma raison ne m'en sçauroit deffendre,
Le salut des vaincus est de n'en plus attendre.

SCENE III.

TISIMANDRE. YDALIE. DARAMET.

TISIMANDRE.

BEAUTE' dont la Nature admire les appas,
Quelle heureuse fortune a pû guider vos pas
Dans ce valon affreux, où mon inquietude
Ne cherche que l'horreur, l'ombre & la solitude ?
YDALIE.
Berger qui de nature estes si mal plaisant,
Quel malheureux destin vous conduit à present
Dedans ceste valée effroyable & profonde,
Où pour fuyr de vous je suis de tout le monde ?
TISIMANDRE.
Vous faschez-vous de voir un miserable amant,
Qui banny de vos yeux ne peut vivre un moment ?
Esloignez vous plustost de cét esprit barbare,
Qui ne sçait point gouster un merite si rare.
Tandis que vous suivrez ce berger qui vous fuit,
Vos plus belles saisons se passeront sans fruict.
YDALIE.
Tandis que vous suivrez vos entreprises vaines,
Vous y perdrez sans fruict vostre temps & vos pei-
TISIMANDRE.   (nes.
Puis qu'Alcidor pour vous n'a point de sentiment,
Pourquoy differez-vous de faire un autre amant ?
YDALIE.
Si je suis insensible au tourment qui vous presse,
Pourquoy differez-vous de changer de maistresse ?

TISIMANDRE.

Croyez que si j'en parle avecque passion ,
C'est moins par interest que par affection.
Mais je crains qu'en ce feu dont vous estes éprise,
Vostre honneur ne se perde après vostre franchise;
Vous sçavez que desja l'on murmure tout bas
De vous voir si souvent le suivre pas à pas.

YDALIE.

Quoy qu'on ait dit de moy par haine ou par envie,
Tousjours mes actions respondront de ma vie.

TISIMANDRE.

Bien qu'aucun à bon droict ne vous puisse blasmer,
D'estimer sa vertu , de le voir , de l'aymer ,
Pourquoy recherchez-vous de penibles conquestes,
Vous à qui le bonheur en offre de si prestes ?

YDALIE.

Vous perdez vostre temps , ne m'importunez plus,
Je suis lasse d'ouyr vos discours superflus.

TISIMANDRE.

A quelles dures loix me voulez-vous contraindre?
Ne m'est-il pas permis en mourant de me plaindre?

YDALIE.

Ne vous affligez point, vous n'en sçauriez mourir;
Le mal que vous avez est facile à guerir.

TISIMANDRE.

Rien ne me peut guerir du mal qui me possede ,
Si vostre belle main n'en donne le remede.

YDALIE.

Le remede d'Amour dépend de la raison.

TISIMANDRE.

Suivez donc son conseil pour vostre guérison.

YDALIE.

Mon tourment est si doux qu'il m'en oste l'envie.

TISIMANDRE.

Le mien est si cruel qu'il m'ostera la vie ,

Si vous ne moderez voſtre inhumanité.
YDALIE.
Penſez-vous m'y forcer par importunité ?
TISIMANDRE.
Non certe , mais pluſtoſt par mon amour extréme.
YDALIE.
Amour m'oblige-t'il d'aymer tout ce qui m'ayme ?
TISIMANDRE.
Ouy pluſtoſt qu'un ingrat qui ne vous ayme pas.
YDALIE.
Je choiſiray pluſtoſt d'épouſer le trépas ,
Que jamais vous voyez voſtre vaine entrepriſe
Rendre deſſous vos loix ma liberté ſouſmiſe.
TISIMANDRE.
O cruelle beauté, quel Aſtre malheureux
Se plaiſt à traverſer nos deſirs amoureux ?   (ſées?
Quel charme, ou quelle erreur ont troublé nos pen-
Quels traits envenimez ont nos ames bleſſées ?
Quel funeſte aſcendant noſtre deſtin conduit ,
Qui nous fait à tous deux aymer ce qui nous fuit ?
Nous verrons eſcouler l'avril de noſtre vie ,
Sans gouſter les plaiſirs où l'âge nous convie :
Et lors qu'en cheveux blancs nous le verrons finir ,
Nous pleurerons le temps qui ne peut revenir.
Les ans coulent ſans ceſſe , & jamais leur carriere
Non plus que des torrens ne retourne en arriere ,
Ils faneront bien toſt la fleur de vos beautez ,
Et vangeront ma foy de tant de cruautez.
DARAMET.
Prenons ceſte victime , & couronnons ſa teſte
De guirlandes , de fleurs pour honorer la feſte ;
Chindonnax a desja le buſcher preparé ,
Vous viendrez, voſtre crime eſt aſſez averé.
YDALIE.
Dequoy m'accuſe-t'on ? quelle noire malice

Peut d'un front asseuré me blasmer d'aucun vice ?
DARAMET.
Vous le pourrez sçavoir du Sacrificateur.
YDALIE.
O Ciel qui cognois tout, sers moy de protecteur,
Deffends mon innocence à qui l'on fait outrage.
TISIMANDRE.
Arreste un peu, cruel, as-tu bien le courage
De vouloir de mes bras ma maistresse ravir ?
Las ! je resiste en vain, je ne luy puis servir :
Tout ce que je puis faire en ce dernier office
C'est de m'offrir pour elle au feu du sacrifice.

SCENE IV.

DAMOCLE'E. LUCIDAS.

DAMOCLE'E.

QUE sert de me celer ce que je veux sçavoir ?
Pensez-vous m'empescher de faire mon devoir ?
Ceste pasle couleur qui vous monte au visage
Du malheur de ma fille est un mauvais présage.
Il est hors de propos de le taire à présent,
Vostre discretion l'accuse en l'excusant.
Parlez donc librement, n'usez plus d'artifice,
Celuy qui taist le mal semble en estre complice.
LUCIDAS.
Qui vous fait de si près un crime rechercher
Que vous-mesme devriez à vous-mesme cacher ?
DAMOCLE'E.
Cela ne se peut plus, ceste desesperée

Qui s'est pour ce malheur du monde retirée,
Par ce grand changement en elle survenu,
Rend de son déplaisir le suject trop cognu;
Chacun sçait le peché dont ma fille est blasmée,
Mon devoir seulement previent la renommée.

LUCIDAS.

Le devoir vous oblige à cherir vostre enfant.

DAMOCLE'E.

Quand il est vicieux l'honneur me le deffend.

LUCIDAS.

Quoy ! la loy de l'honneur est-elle si cruelle
Qu'elle fasse oublier l'amitié paternelle ?

DAMOCLE'E.

Je fais ce que je dois ; ce n'est point cruauté
De punir nos enfans quand ils l'ont merité ;
Si ma fille est coupable, il faut que dans la flame
Elle purge son corps, en expirant son ame.
La loy de Luthesie en faveur de nos Dieux
Condamne l'impudique à la flame des Cieux :
Donc pour estre pieux soyez moins pitoyable,
Et me dites le mal dont ma fille est coupable.

LUCIDAS.

Je ne vous diray point ce que vous sçavez bien.

DAMOCLE'E.

Las ! vous me dites tout en ne me disant rien.
Je voy bien ce que c'est, il faudra qu'elle meure,
Je luy vois préparer sa dernire demeure.

LUCIDAS.

O Justice éternelle ? à quelle impieté
A ceste passion mon esprit transporté ?
Je me verray forcé de faire une injustice ;
Mais je ne suis pas seul, l'amour est mon complice.
Cette ingrate beauté qui m'a manqué de foy,
A contraint un Dieu mesme à faillir comme moy.
Innocente victime aussi chaste que belle,

I iiij

Que ma jalouse rage a rendu criminelle,
Pourrai-je avoir le cœur de te voir aujourd'huy
Souffrir le chastiment de la faute d'autruy ?
En ces justes remords, mon Dieu, que puis-je faire ?
Dois-je dire ma faute, ou si je la dois taire ?
Pour la justifier, il me faut accuser
Du mal que meschamment j'ay voulu supposer.
Lors que l'on a failly contre sa conscience,
La honte de le dire est pire que l'offence.
Il faut donc persistant en ma meschanceté,
Pour parestre équitable accuser l'équité.
Mais desja Chindonnax attend la criminelle,
Il est temps de penser à tesmoigner contr'elle.

SCENE V.

CHINDONNAX, DAMOCLE'E, LU-CIDAS, YDALIE, TISIMANDRE, DARAMET, CLEANTE.

CHINDONNAX.

VOus serez estimé des hommes & des Dieux;
Quand nous avons produit un enfant vicieux,
Il faut de nostre sang retrancher ce prodige,
Ainsi qu'un mauvais bois indigne de sa tige,
Et d'un cœur genereux tesmoigner constamment
D'oublier pour l'honneur tout autre sentiment :
Mais dites-nous, Vieillard, quelle ruse a-t-on faite,
Pour cognoistre un Amour qu'on tenoit si secrette ?

DAMOCLE'E.

Lucidas descouvrit son impudicité

A travers le cristal d'un miroir enchanté.
CHINDONNAX.
Prenez garde, mon fils, d'accuser l'innocence,
Les Dieux, justes & bons, veillent pour sa deffence,
Qui des faits incogneus, arbitres & tesmoins
Descouvrent tost ou tard ce que l'on sçait le moins.
Ils parlent par ma voix des actions passées,
Et par mes propres yeux lisans dans les pensées,
M'y font voir clairement les faits les plus douteux :
Bref, estant devant moy, vous estes devant eux ;
Gardez-vous donc bien d'estre autre que veritable,
Car vous seul la rendrez innocente ou coupable.
LUCIDAS.
Pourquoy, Pere sacré, me faites-vous ce tort,
De vouloir que je sois la cause de sa mort ?
CHINDONNAX.
Vous n'estes de sa mort, ny cause, ny complice,
Ce n'est que son peché qui la meine au supplice.
LUCIDAS.
Mais son crime, sans moy, n'eust point esté prouvé.
CHINDONNAX.
Mais son crime, sans vous, fust tousjours arrivé.
LUCIDAS.
Mais tousjours c'est par moy qu'on la rend criminelle.
CHINDONNAX.
Non, mais plustost par vous la justice éternelle,
Dont l'absolu pouvoir qu'elle m'a mis és mains,
Deffend de me celer les crimes des humains.
LUCIDAS.
Que vous puis-je celer, ny que vous puis-je dire ?
Chacun sçait le malheur dont ce vieillard souspire ;
Luy-mesme vous l'a dit.
CHINDONNAX.
       Aussi ce que j'attens
Est de sçavoir le lieu, la façon & le temps.

LUCIDAS.

Desja le chaud du jour chaſſoit la matinée,
Lors que s'eſt conſommé ce funeſte Hymenée ;
Un bois, au bord de Seine, en ſon ombre a caché
De ces jeunes Amants, la honte & le peché,
Et jamais l'on ne vit avec plus de licence
L'Amour fouler aux pieds la crainte & l'innocence.

CHINDONNAX.

Nous en ſçavons aſſez, retirez-vous Berger ;
On ameine Ydalie, il faut l'interroger.

YDALIE.

Quelle timide horreur ſe glace dans mon ame ?
Je voy l'Autel, le fer, le bucher & la flame
Qu'appreſte contre moy l'injuſtice du ſort :
O Dieux ! combien de morts, pour une ſeule mort ?

CHINDONNAX.

Aſſeurez voſtre eſprit ; que la honte & la crainte
Qui tiennent maintenant voſtre voix en contrainte,
Ne vous empeſchent point de vous juſtifier.

YDALIE.

Où mon timide eſpoir ſe peut-il plus fier ?
Le Ciel, juge de tout, eſt icy ma partie,
Puis que de ſon Autel je dois eſtre l'hoſtie.

CHINDONNAX.

Le Juge de là haut, exempt de paſſion,
Ne peut eſtre ſenſible à la corruption,
Luy qui tient en ſes mains le Ciel, la Terre & l'Onde,
Accepte ſans beſoin les offrandes du monde,
Et ce qu'à ſes Autels nous faiſons aujourd'huy,
C'eſt pour nous ſeulement, on ne fait rien pour luy,
Mais d'un ſi haut ſujet nos eſprits incapables,
De blaſphêmes ou d'erreur ſeroient jugez coupables,
C'eſt pourquoy d'un diſcours médité prompte-
De qui la verité ſoit le ſeul ornement,   (ment,
Dites-moy, ſans rougir, ny faire l'eſtonnée,

Où vous avez passé toute la matinée.

YDALIE.

Sur le bord de la Seine, en un bois escarté,
Où l'on trouve du frais au plus fort de l'Esté.

CHINDONNAX.

Qu'est-ce que vous aviez en vostre compagnie ?

YDALIE.

Alcidor.

CHINDONNAX.

C'est tout dire.

YDALIE.

O quelle calomnie !
Me veut-on accuser d'avoir fait dans ce bois
Quelque chose avec luy contre ce que je dois ?
Que plustost je périsse en l'infernale flame,
Que jamais ce désir me tombe dedans l'ame.

DAMOCLE'E.

Ah ! pauvre malheureuse, hélas ! où pensois-tu
Alors que tu faisois ce tort à la vertu ?
Faut-il qu'aux yeux d'un Juge & d'une populace
Je t'offre pour victime à l'honneur de ma race ?

YDALIE.

Mon pere, appaisez-vous, un jour la verité
Descouvrira la fraude & mon integrité,   [ne,
Et croyez qu'aujourd'huy, quelque mal qui m'advien-
Je plaindray vostre peine autant comme la mienne.

DAMOCLE'E.

En cét excez d'ennuis qui me vient tourmenter
Je ne sçay quelle perte est plus à regretter,
Celle de son honneur, où celle de sa vie :
Je sçavois qu'à la Parque elle estoit asservie ;
Puis que je suis mortel, il ne m'est point nouveau,
Que ce qui sort de moy soit sujet au tombeau :
Mais elle est sans raison aux vices adonnée,
D'un pere vicieux elle n'estoit point née,

Ah ! je pasme, je meurs !
DARAMET.
Ces cris sont superflus,
Il les faut appaiser.
DAMOCLE'E.
Ah ! Dieux, je n'en puis plus,
L'excez de la douleur m'empesche la parole.
CHINDONNAX.
Allez, sage vieillard, l'Eternel vous console,
Allez verser chez vous ces inutiles pleurs,
Sa présence ne fait qu'augmenter vos douleurs.
Or sus, il faut penser à conduire l'hostie,
Qu'on apreste l'encens, la farine rostie,
Et les cousteaux sacrez, c'est trop perdre le temps.
YDALIE.   [tens?
Me faut-il donc mourir, Dieux, qu'est-ce que j'en-
Pense-t-on que le Dieu que ce bois représente
Se plaise a voir le sang d'une fille innocente ?
TISIMANDRE.
Que ce soit plustost moy que l'on meine à la mort,
Aussi-bien chacun sçait que l'Amour & le sort
M'ont condamné pour elle à mourir dans la flame.
CHINDONNAX.
Cela ne se peut pas, j'en porterois le blasme,
Dieu n'ayme rien d'injuste, & jamais ne consent
De voir pour le pecheur endurer l'innocent.
TISIMANDRE.
Je luy monstreray donc, en mourant premier qu'elle,
Que je suis courageux autant comme fidelle.
DARAMET.
Arrestez-vous, Berger.
TISIMANDRE.
Ne m'en empeschez point,
Aussi-bien que l'Amour, la raison me l'enjoint,
C'est le meilleur advis qu'à présent je puis suivre,

Il faut sçavoir mourir, quand on ne doit plus vivre.
CHINDONNAX.
Pour un si beau sujet vos pleurs sont approuvez ;
Mais après l'avoir plainte autant que vous devez,
Ne nous obligez point à vous plaindre vous-mesme.
TISIMANDRE.
Ne me deffendez point de suivre ce que j'ayme.
CHINDONNAX.
Quel espoir vous convie à la suivre au trespas ?
Vos yeux n'y verront plus ses aimables appas,
La grace, la beauté, la jeunesse & la gloire
Ne passent point le fleuve où l'on perd la mémoire.
TISIMANDRE.
Rien ne peut effacer les agréables traits
Dont elle a dans mon ame imprimé ses attraits ;
L'Enfer n'a point d'horreur ny de nuict assez sombres
Dont le jour de ses yeux ne dissipe les ombres.
CHINDONNAX.
Ces yeux, & ce beau teint de roses & de lys
Sous celuy de la mort seront ensevelis ;
L'horreur qui l'accompagne est à toutes commune,
On n'y recognoist point la blanche de la brune.
TISIMANDRE.
Bienheureux si je perds avec le sentiment,
Le feu dont son amour me brusle incessamment ;
Mais plus heureux encor si mon ame éternelle
Conserve après ma mort l'amour que j'ay pour elle.
CHINDONNAX.
Toutes les passions qui regnent icy bas,
Ne suivent point nostre ombre en la nuict du trespas :
Ce qu'on dit de Pluton & de ses Eumenides,
N'est qu'une impression qu'ont les ames timides ;
Ces lieux où prennent fin nos pleurs & nos désirs,
N'ont point de si grands maux, ny de si doux plaisirs,
Que cét âge où l'Amour, armé de tant de flames,

Commence à s'allumer dedans les belles ames;
Chacun s'y rend luy-mesme heureux ou malheureux,
Selon qu'il se gouverne aux plaisirs amoureux.
L'un attache ses vœux aux conquestes faciles :
L'autre volant trop haut rend les siens inutiles ;
Bref, des fleurs, que produit cette belle saison,
L'un en tire le miel, & l'autre le poison :
Vivez donc & perdez cette ardeur insensée,
Qui depuis si long-temps trouble vostre pensée,
Et sage à vos despens, jouyssez des plaisirs,
Qu'Amour & la jeunesse offrent à vos désirs.

TISIMANDRE.

Non, non, il faut mourir, la raison m'y convie,
La mort m'est à présent plus douce que la vie,
J'ayme mieux n'estre point que d'estre malheureux.

CHINDONNAX.

Croyez-moy, Tisimandre, un esprit genereux
Oppose sa constance au malheur qui l'irrite,
Et se résoult plustost au combat qu'à la fuite.

TISIMANDRE.

La mort seule a pouvoir de vaincre mon ennuy.

CHINDONNAX.

Quelle erreur de mourir pour la faute d'autruy ?

TISIMANDRE.

Mais quelle erreur plustost de juger l'innocence,
Sans vouloir seulement escouter sa deffense ?

CHINDONNAX.

Il m'en faut tout souffrir, j'y suis bien préparé,
Car que sçaurois-je faire à ce désesperé,
Que le mal que luy-mesme, à luy-mesme désire ?

TISIMANDRE.

Le peur ne me fera ny taire, ny dédire,
Je veux ouyr l'autheur de ceste faulseté,
Qui veut taxer l'honneur de sa pudicité.

CHINDONNAX.

Bien, vous serez content, dites que l'on rappelle
Ce Berger qui n'a guere a tesmoigné contr'elle.

YDALIE.

A quel poinct m'a réduit la cruauté des Cieux,
Qu'il faille qu'en mourant les hommes & les Dieux
Cognoissent sa constance & mon ingratitude ?

CHINDONNAX.

Voicy ce qu'on attend avec inquietude :
Venez-ça, mon amy, dites la verité,
Comment la vistes-vous en ce verre enchanté ?

LUCIDAS.

A peine le Devin avoit dit les paroles
Que la magie enseigne en ses noires escoles,
Qu'il ressort de son antre, & m'apporte un cristal,
Qui fist voir à mes yeux le bocage fatal
Où ces jeunes Amants, francs de honte & de blasme,
Esteignent tous les jours leur amoureuse flame.

TISIMANDRE.

Osez-vous, miserable, accuser les absens,
Sur l'objet qu'une glace a produit à vos sens ?

LUCIDAS.

J'ay regret de luy rendre un si mauvais office ;
Mais il me faut vouloir ce que veut la Justice.

CLEANTE.

Graces aux Immortels, nos Amants sont unis,
Les pleurs sont appaisez, les tourmens sont finis,
D'une extresme douleur vient une extresme joye,
L'on plaint à tort le mal que l'Amour nous envoye ;
Qui vit dessous ses loix doit tousjours esperer,
Il fait rire à la fin ceux qu'il a fait pleurer.

LUCIDAS.

Quelle bonne nouvelle en ce lieu vous ameine ?

CLEANTE.

La nopce qui se fait au logis de Silene.

LUCIDAS.

Peut-on parler de nopce, & voir tant de malheurs?

CLEANTE.

L'aise de toutes parts a terminé les leurs.
A la fin, d'Alcidor le fidele service
A touché de pitié la Bergere Artenice,
De son bonheur extresme un chacun se ressent;
Ils s'espousent demain, le bon-homme y consent;
Son logis est desja tapissé de ramées,
De fenoüil & de fleurs les salles sont semées;
Et desja maints aigneaux, victimes du festin,
Le cousteau dans la gorge achevent leur destin.

LUCIDAS.

Quel subit changement, quelle estrange nouvelle!
O Bergere inconstante! ô teste sans cervelle!
Où sont allez ces vœux pleins de zele & de foy?
Seras-tu donc parjure à ton Dieu comme à moy?
Je croy que ta promesse estoit plus incertaine
Que les enchantemens du Devin Polistene.

TISIMANDRE.

Remarquez ce qu'il dit, escoutez-le parler.

LUCIDAS.

O Dieux! le désespoir me fait tout déceler.

DARAMET.

Je voy la verité, luy-mesme la confesse,
Lucidas enragé de voir que sa maistresse,
Des flames d'Alcidor avoit le cœur touché,
A par l'art du Devin produit ce faux peché;
Qui decevant les yeux & l'ame d'Artenice,
La rend de cette erreur innocemment complice.

CHINDONNAX.

Cela n'est pas sans doute, il faut tout à loisir
Y penser meurement, & pendant se saisir
Du Devin & de luy, peut-estre en la torture
Ils pourront l'un ou l'autre avouer l'imposture.

LUCIDAS.

LUCIDAS.

Pardonnez au Devin, j'ay tout seul mérité
Le juste chastiment de ceste fausseté,
J'en suis le seul autheur, il n'en est que complice.

CHINDONNAX.

Puis qu'il nous a luy-mesme avoüé sa malice,
Qu'on mette hors des fers cette jeune beauté,
Qui recouvre l'honneur avec la liberté ;
Et que cét imposteur y soit mis en sa place,
C'est à vous d'ordonner ce qu'il faut qu'on en fasse ;
Prononcez donc, ma fille, ou sa vie ou sa mort.

LUCIDAS.

Belle ame qui pouvez disposer de mon sort,
Si jamais les souspirs d'un Amant miserable
Ont peu tirer de vous un regard favorable,
Si vous avez le cœur aussi doux que les yeux,
Mettez fin à mes jours, ce sera pour le mieux :
Je voy de tant d'ennuis ma fortune suivie,
Que me donner la mort, c'est me donner la vie.

YDALIE.

Non, tu ne mourras point, je veux pour te punir
Qu'à jamais ton peché vive en ton souvenir.

CHINDONNAX.

Laissez-le donc aller.

LUCIDAS.

          O Dieux ! quelle sentence !
Faut-il donc qu'à jamais je pleure mon offense ?

YDALIE.

Et vous, fidel Amant, mon support, mon bonheur,
Dont à présent je tiens ma vie & mon honneur ;
De quel digne loyer qui soit en ma puissance,
Puis-je récompenser vostre extresme constance ?
En vous donnant mon cœur, je ne vous donne rien,
Vous l'avez racheté, c'est vostre propre bien :
Disposez donc de moy, fidele Tisimandre,

K

L'Amour & le devoir m'obligent à me rendre,

TISIMANDRE.

O l'heureux accident! enfin, mon cher soucy,
L'Amour a-t-il touché vostre cœur endurcy,
Belle & chere maistresse, enfin est-il croyable
Que ma fidelité vous rende pitoyable,
Et que vos yeux lassez de m'estre rigoureux
Soient touchez des ennuis que je souffre pour eux?

YDALIE.

Vos extresmes faveurs, certes je le confesse,
M'ont faict vostre captive, & non vostre maistresse:
Oubliez donc ce nom, vivez plus franchement.

TISIMANDRE.

Vous avez tout pouvoir, usez-en librement,
Mon cœur est vostre esclave, il ne vous peut dédire,
L'heur de vous obéyr est tout ce qu'il désire,
Il se tient trop heureux d'estre en vostre prison.

YDALIE.

Quittons-là ces discours qui sont hors de saison,
Et supplions chascun de rendre tesmoignage
De l'accord mutuel de nostre mariage.

TISIMANDRE.

Allons donc, mon Soleil, rendre nos vœux contens.

YDALIE.

Allons, le plus parfaict des Bergers de ce temps.

CHINDONNAX.

Enfin, des Immortels la justice profonde
A descouvert la fraude aux yeux de tout le monde;
A la fin chacun voit que leur bras tout-puissant
Sçait punir le coupable & sauver l'innocent,
Et quelque empeschement que l'artifice apporte,
Tousjours la verité se trouve la plus forte.

CHOEUR

DES SACRIFICATEURS.

A CE coup nous voyons qu'Aſtrée
Veut encore en cette contrée
Faire eſclater la ſplendeur de ſes loix,
Et que ſa puiſſance divine,
Qui ſur toutes choſes domine
A meſme ſoin des Bergers que des Rois.
L'innocence eſt victorieuſe
De la malice injurieuſe,
Qui ſuit touſjours le plus mauvais conſeil :
Et la verité recognuë
Teſmoigne qu'elle eſt ſouſtenuë
Du meſme appuy qui ſouſtient le Soleil.
Certes il n'eſt point d'artifice
Dont les Dieux ennemis du vice,
Ne facent voir les plus ſecrets reſſorts,
Leurs pouvoirs, qui deſſus nos teſtes
Tiennent & pouſſent les tempeſtes,
Ne ſont pas moins équitables que forts.
Par eux la victime eſt menée
Du bucher au lict d'Hymenée ;
Après les pleurs, les plaiſirs ont leur tour ;
Ils n'ont peu, ſans ſe faire outrage,
Condamner un ſi bel ouvrage
A d'autre feu qu'à celuy de l'Amour.
Comme on voit après les orages,
Le Soleil chaſſant les nuages,
Se rallumer avec plus de clarté ;
Ses yeux encore pleins de larmes,

Reprenans de nouvelles armes,
Semblent plus beaux qu'ils n'ont jamais esté.
Heureux celuy dont la constance,
A surmonté la résistance
Qui s'opposoit à son affection,
Et qui n'aura pas moins de gloire
En cette amoureuse victoire,
Que de plaisir en la possession.
Que puissent leurs ames bien nées,
Posseder à longues années
Les fruicts d'Amour les plus délicieux;
Et par leurs flames mutuelles,
Peupler nos champs d'Amants fidelles;
Et nos Autels de nouveaux demy-Dieux.

ACTE V.

SCENE PREMIERE.

Le vieil ALCIDOR. CLEANTE.

Le vieil ALCIDOR.

NE sçaurois-je trouver un favorable port
Où me mettre à l'abry des tempestes du sort?
Faut-il que ma vieillesse en tristesse féconde,
Sans espoir de repos erre par tout le monde?
Heureux qui vit en paix du laict de ses Brebis,

Et qui de leur toiſon voit filer ſes habits ;
Qui plaint de ſes vieux ans les peines langoureuſes,
Où ſa jeuneſſe a plaint les fiames amoureuſes ;
Qui demeure chez luy comme en ſon élément,
Sans cognoiſtre Paris que de nom ſeulement,
Et qui bornant le monde aux bords de ſon domaine,
Ne croit point d'autre mer que la Marne ou la Seine.
En cét heureux eſtat, le plus beau de mes jours
Deſſus les rives d'Oyſe ont commencé leur cours.
Soit que je priſſe en main le ſoc ou la faucille,
Le labeur de mes bras nourriſſoit ma famille ;
Et lors que le Soleil en achevant ſon tour,
Finiſſoit mon travail en finiſſant le jour,
Je trouvois mon foyer couronné de ma race,
A peine, bien ſouvent, y pouvois-je avoir place ;
L'un giſoit au maillot, l'autre dans le berceau ;
Ma femme, en les baiſant, devidoit ſon fuſeau.
Le temps s'y ménageoit comme choſe ſacrée,
Jamais l'oiſiveté n'avoit chez moy d'entrée ;
Auſſi les Dieux alors béniſſoient ma maiſon,
Toutes ſortes de biens me venoient à foiſon.
Mais hélas ! ce bonheur fut de peu de durée,
Auſſi-toſt que ma femme eut ſa vie expirée,
Tous mes petits enfans la ſuivirent de près,
Et moy je reſtay ſeul accablé de regrets,
De meſme qu'un vieux tronc, relique de l'orage ;
Qui ſe voit deſpoüillé de branches & d'ombrages.
Ma houlette en mes mains, inutile fardeau,
Ne régit maintenant ny chevre, ny troupeau ;
Une ſeule Brebis qui m'eſtoit demeurée,
S'eſtant, loin de ma veuë, en ce bois égarée,
Y jetta ſon petit avec un tel effort,
Qu'en luy donnant la vie, il luy donna la mort.
Voyant tant d'accidens m'arriver d'heure en heure,
Je cherche à me loger en une autre demeure,

Pour voir si ce malheur à ma fortune joinct,
En quittant mon pays ne me quittera point ;
Et si les champs où Marne à la Seine se croise,
Me feront plus heureux que le rivage d'Oyse.

CLEANTE.

Ne cherchez point ailleurs où vous mettre en repos ;
Vous ne sçauriez trouver un lieu plus à propos,
Pour rendre vostre vie en tous biens fortunée,
Nos fertiles cousteaux portent deux fois l'année ;
Et les moindres épics qui dorent nos guerets,
S'égalent en grandeur aux chesnes des forests.
Icy le bien sans peine abonde en nos familles ,
On use moins de socs qu'on ne fait de faucilles ;
Icy le doux Zephir , Roy de nostre Orison
Fait de toute l'année une seule saison.
La Nymphe de la Marne & le Dieu de la Seine
Qui pour leur mariage ont choisi ceste plaine ,
Nous tesmoignent assez par leurs tours & retours,
Le desplaisir qu'ils ont d'en éloigner leur cours.
L'impitoyable horreur des foudres de la guerre
A quitté par respect cette fertile terre :
La Justice & la Paix y regnent à leur tour ,
Nous n'y sommes bruslez que des flames d'Amour.
Mais hélas ! de ce Dieu les flames & les charmes
Causent bien dans nos champs de plus grandes allar-
Que ne faisoient jadis ces bataillons espars , [mes ,
Que la rébellion semoit de toutes parts.
Encor à ce matin cette bouillante rage
Animant d'Alcidor l'impetueux courage,
L'a fait jetter dans l'eau , d'où la force du vent
L'a remis à la rive aussi mort que vivant.

Le vieil ALCIDOR.

Et comment ! Alcidor , est-il encore en vie ?

CLEANTE.

Vous le verrez bien-tost s'il vous en prend envie ,

Il espouse à ce soir cette aimable beauté
Pour qui dedans la Seine il s'est precipité :
J'offre à vous y mener.

Le vieil ALCIDOR.

    Allons, à la bonne heure ;
Je ne pouvois trouver de fortune meilleure ;
Le desir de revoir ce que j'ay tant aymé,
Ranimeroit mon corps au cercueil enfermé.

SCENE II.

SILENE. DAMOCLE'E. CLORISE.

ALCIDOR. ARTENICE. CLEANTE.

SILENE.

ENfin la destinée est à mes vœux propice ,
Ma volonté s'accorde à celle d'Artenice ,
Enfin après l'orage arrive le beau temps ,
La fin de nos malheurs rend nos desirs contens.
Je jure qu'à présent je le suis autant qu'elle ,
De ce qu'elle a fait chois d'un Amant si fidelle :
Allons donc, mes enfans, allons tout de ce pas ,
Nos voisins assemblez nous attendent là bas ,
Et desja dans le bourg toute la populace
Au son des violons s'assemble dans la place.
Mais, qui cognoist celuy qui vient tout droit à nous?

ARTENICE.

Vous le pouvez cognoistre.

SILENE.

    Ha ! mon frere, est-ce vous ?

Je n'avois pas osé vous prier de la feste,
Croyant que le malheur qui voftre fille arrefte
A fouffrir dans le feu fon jufte chaftiment,
Toucheroit voftre cœur de quelque fentiment.

DAMOCLE'E.

Mon frere, mon amy, je n'en fuis plus en peine,
Dieu qui des innocens eft la garde certaine
A defcouvert la fraude & m'a defabusé
Du crime que contre elle on avoit fuppofé.
Je viens vous faire part de l'exceffive joye
Qu'après tant de malheurs la fortune m'envoye.

SILENE.

Qui vous a defcouvert cette mefchanceté ?

DAMOCLE'E.

Lucidas, de colere & d'amour tranfporté,
Quand il fceut qu'Alcidor malgré fon artifice
Efpoufoit à ce foir voftre fille Artenice,
Se trouble, fe confond, & parmy fes regrets
La rage ouvrant la porte à fes penfers fecrets ;
Il rend fa calomnie à chacun apparente,
Il eft jugé coupable, & ma fille innocente
Reçoit l'affection de fon fidelle Amant,
Qui lors voulut pour elle endurer le tourment.

CLORISE.

Quoy ! cette ame endurcie enfin fe laiffe prendre
Aux obligations du Berger Tifimandre ?
Quoy ! celle qui bravoit l'amour & fon pouvoir
S'eft donc renduë efclave aux chaînes du devoir ?

DAMOCLE'E.

C'eft ce que j'en apprens d'un meffager fidelle.

SILENE.

Je ne pouvois fçavoir de merveilleure nouvelle ;
Nos cœurs n'ayant qu'un but & qu'un mefme defir
Se font part de leur joye & de leur defplaifir,
Et femble qu'en naiffant la main des Deftinées

Dans une mesme trame ait ourdy nos années.
ALCIDOR.
A la fin on cognoist avecque l'equité
Le tort que l'on faisoit à ma fidelité,
Enfin, mon beau Soleil, malgré la medisance
Les plus beaux yeux du monde ont veu mon inno-
    cence ;
L'amour est équitable, il le tesmoigne assez,
Ceux qui l'ont bien servy sont bien recompensez.
ARTENICE.
Vostre foy, mon Berger, si long-temps maintenuë
Avant son arrivée estoit assez cognuë ;
Ce que j'apprens de luy n'augmente nullement
Ny mon affection, ny mon contentement :
Rien ne peut augmenter les choses infinies.
SILENE.
Doncques de toutes parts nos craintes sont bannies ;
Ne perdons point de temps en discours superflus,
Allons, mes chers enfans, il ne nous reste plus
Que d'accomplir les vœux de vostre mariage.
CRISANTE.
Je crains bien qu'il ne soit de sinistre présage.
ARTENICE.
Quel timide soupçon vous fait ainsi parler ?
CRISANTE.
Ce que pour vostre bien je ne dois point celer.
ARTENICE.
Dieu, qui peut empescher ce que chacun desire ?
CRISANTE.
Vous-mesme le sçavez si vous le voulez dire.
ARTENICE.
Je n'entends point cela, si vous ne l'expliquez ;
Je croy que c'est un songe, ou que vous vous mo-
    quez.

CHRISANTE.

C'est de vray l'un des deux, je ne m'en sçaurois taire,
Il faut pour nous servir quelquefois nous déplaire.
La grande Deité favorable aux mortels,
Qui les hommes bannist de ses chastes autels,
S'est fait voir à mes yeux aussi belle que saincte,
Telle que nostre Foy dans nos ames l'a peinte.
D'une voix éclatante, & d'un front irrité
Après avoir reprins mon incredulité,
M'a dit ainsi qu'à vous que j'eusse souvenance
De ne vous marier que par son ordonnance.
Son salutaire advis ne fut pas entendu
Quand par sa propre bouche il vous fut deffendu
De ne vous marier qu'à ceux de vostre race :
Car vous mesprisiez lors avecque tant de glace
L'amour que Lucidas vous vouloit tesmoigner,
Qu'on creut que ce n'estoit que pour l'en esloigner,
Et que vous ne cherchiez que des raisons frivoles,
Pour avecque couleur dégager nos paroles :
Mais ces dernieres nuicts sa presence & sa voix
M'ont osté tout à fait le doute que j'avois.
La vigne qui pendoit au dessus de sa teste,
Me la fit remarquer comme elle est à sa feste,
Ou comme elle estoit lors que ma devotion
Confia vostre vie en sa protection :
Peut-estre prevoyant ce fatal Hymenée,
Sa faveur prend ce soin de vostre destinée.
Si donc vous en avez de vostre utilité,
Ne vous mariez point contre sa volonté.

SILENE.

C'est le meilleur advis, quoyque vous puissiez dire,
Que de ne faire rien que ce qu'elle desire.

ARTENICE.

Que deviendray-je donc, chetive que je suis ?
Que ne m'a-t'on permis de finir mes ennuis

Dans ce paisible lieu, franc d'amour & d'envie,
Où ma bonne fortune avoit conduit ma vie?

ALCIDOR.

Quoy donc, chere beauté, nous fera-t'on ce tort
De vouloir pour un songe empescher nostre accord?
Pour une vision, une ombre, une chimere,
Qui s'engendre au cerveau de vostre vieille mere;
Veut-on recompenser mon service de vent?

CRISANTE.

Cecy n'est point l'effect d'un songe decevant,
Produit d'un faux object, ou vapeur incognuë
Au debile cerveau d'une vieille chenuë,
Ma fille qui sçait bien quelle est la verité,
Ne m'accusera point de l'avoir inventé.

CLORISE.

Berger, ne croyez point que ce soit une fable,
Ce que vous dit Crisante est chose veritable.

ALCIDOR.

Quelle presomption de croire que les Dieux
Qui là haut sont ravis en la gloire des Cieux,
Daignent penser en nous qui ne sommes que terre!
Leur soin est d'esclairer ce que le Ciel enserre,
Regler le mouvement de tant d'astres divers,
Separer les Estez d'avecque les Hyvers:
Savourer les douceurs dont leurs coupes sont plei-
Et non pas s'amuser aux affaires humaines.   (nes,

CLORISE.

Les Dieux ne sont point tels comme vous les pensez,
Bien qu'à des plus grands soins ils s'occupent assez:
Toutesfois, Alcidor, leur sagesse profonde
Songe à tout ce qui vit sur la terre & dans l'onde,
Tous les jours leurs effets le font voir clairement,
Et c'est impieté de le croire autrement.

ALCIDOR.   (nuire.

S'ils pensent aux mortels, ce n'est que pour me

CLORISE.

O Dieux ! à quel démon vous laissez-vous seduire ?
Ne parlez pas ainsi de la divinité,
Elle vous puniroit de vostre impieté.

ALCIDOR.

Qu'elle fasse de moy tout ce qu'elle desire,
Mon mal est en tel poinct qu'il ne peut estre pire.
Celle par qui je perds l'espoir de me guerir
Peut m'empescher de vivre, & non pas de mourir.

ARTENICE.

Gardez-vous bien, Berger, d'avancer vos années,
Ma vie & mon amour sont en vous terminées,
Vivez pour Artenice.

ALCIDOR.

       O quel commandement !
Faut-il donc que pour vous je souffre incessamment?
Ne vaudroit-il pas mieux qu'une mort genereuse
Estaignist de mon cœur cette flame amoureuse,
Et bannist de vos yeux ce miserable amant
Qui ne sert qu'à troubler vostre contentement ?
Bien, bien, je vivray donc en quelque solitude
Où vous n'aurez point part à mon inquietude,
Loin des bords de la Seine en ces lieux écartez,
Que les mers d'Occident baignent de trois costez,
Où pour nourrir le feu de nostre amour passée
Vostre object à jamais vivra dans ma pensée.

ARTENICE.

O Dieux ! que deviendray-je après tant de malheur,
Quoy ! vous me laissez donc en proye à la douleur ?
Où trouveray-je un port en toutes ces tempestes ?
Le Ciel est inflexible à mes justes requestes.

CLORISE.

Tous ces pleurs & ces cris ne vous servent de rien,
Vous estes chere aux Dieux, ils le tesmoignent bien
Il faut esperer d'eux vostre bonne avanture,

Le soin qu'ils ont de vous m'en donne bon augure.
ARTENICE.
D'où peut-elle venir ?
CLORISE.
         De leurs fatales mains,
D'où les biens & les maux arrivent aux humains.
ARTENICE.
Aussi ce n'est qu'en eux où mon espoir se fonde,
Il faut, il faut pour eux abandonner le monde,
Et chercher le repos en servant leurs autels,
Que je n'ay peu trouver avecque les mortels.
CLORISE.
Elle plaint à bon droict l'ennuy qui la menace,
Puis que le seul Berger qui restoit de sa race
Est avec Ydalie engagé par la foy.
DAMOCLEE.
Tisimandre se trompe, il ne peut rien sans moy,
Je ne permetray point que cela s'accomplisse,
Je le veux redonner à l'amour d'Artenice.
CLORISE.
Vostre bon naturel luy vient tout à propos,
Elle tiendra de vous l'espoir de son repos,
Pourvu que ce Berger y vueille condescendre.
SILENE.
Quand mesme il le voudroit, je n'y dois pas enten-
C'est une honnesteté que mon frere me fait.　(dre,
CRISANTE.
Il peut trouver ailleurs des gendres à souhait,
Il n'a pas comme vous sa volonté bornée,
Aussi bien Ydalie est ailleurs enclinée,
C'est plustost par devoir que ce n'est par amour,
Elle ne l'aimoit point auparavant ce jour. [prendre
Je sçay bien qu'en son cœur, elle aimeroit mieux
Alcidor pour mary, que non pas Tisimandre :
C'est pourquoy si mon frere en estoit consentant,

Un double Hymen rendroit tout le monde content.

DAMOCLE'E.

Vous m'avez prevenu, je vous le voulois dire,
Ce que vous desirez est ce que je desire.

SILENE.

Que l'on s'enquere donc du vouloir d'Alcidor.

CLORISE.

Il ne peut mieux avoir quand il seroit tout d'or.
Je m'en vois le chercher pour luy faire ouverture
De l'heur inopiné que le sort luy procure.

ARTENICE.

Miserable Artenice, où sera ton support ?
Tes souspirs & tes pleurs sont-ils sans reconfort ?
O Dieux ! qui disposez de la terre & de l'onde,
Arbitres absolus des fortunes du monde,
Vous dont les affligez implorent le secours,
Finissez mes ennuis ou finissez mes jours.
Faut-il tant de longueur en chose si legere ?
Il n'y va que du sort d'une pauvre Bergere,
Et vous qui nous couvrez d'une feinte bonté
Les projects inhumains de vostre cruauté,
Que ne me chassez-vous de vostre souvenance :
Helas ! je vieilliray sans aucune esperance
Comme fait une fleur en un champ deserté,
Qui reste à la mercy des rigueurs de l'Esté,
Dont la vive fraïcheur par le chaud assaillie,
Se voit seiche & passée avant qu'estre cueillie.
Pourquoy m'ordonnez-vous, injustice des Cieux,
De borner mes desirs au sang de mes Ayeux ?
Voulez-vous limiter en choses si petites
La puissance d'un Dieu qui n'a point de limites ?
Est-ce avecque raison que vous m'avez enjoint
De donner mon amour à qui ne la veut point ?
Ce conseil me desplaist, je ne le sçaurois suivre,
Pour le seul Alcidor je veux mourir & vivre ;

C'eſt celuy dont mon cœur a fait élection,
Je n'en veux conſulter que mon affection.

CHANSON D'ALCIDOR.

Noir ſejour de l'horreur, tenebreuſes valées,
Que du monde & du jour nature a reculées,
Agreable repos des eſprits languiſſans,
Dans l'abiſme d'enfer, dont vous eſtes voiſines,
Les vengeances divines
Ont-elles rien d'égal aux peines que je ſens ?
Je me cache en ceſte ombre éternellement noire,
Pour fuyr des objects qui dedans ma memoire
Entretiennent le mal dont je ſuis tourmenté :
En tous autres endroits je ne m'en puis diſtraire,
Le Soleil qui m'éclaire
Y ramentoit tousjours celuy qui m'eſt oſté.
Cette jeune merveille, auſſi ſage que belle
Recompenſoit ma foy d'une amour mutuelle,
De qui le chaſte feu ne s'égaloit qu'au mien :
Et qui ſçaura nos vœux à bon droict pourra croire
Que le Ciel a fait gloire
De pouvoir denoüer un ſi parfait lien.
Où ſera mon repos en ma douleur profonde ?
A quel Dieu pitoyable aux miſeres du monde
Me plaindray-je des maux que je ſouffre en aymant?
Si la meſme Déeſſe, à qui la terre donne
La qualité de Bonne,
Eſt celle qui s'oppoſe à mon contentement !
Comme ſi de mon corps mon ame eſtoit ravie,
Tous mes ſens ont perdu l'uſage de la vie,
Tant la douleur ſur moy fait de puiſſans efforts ;
Et celuy qui conduit la troupe froide & ſombre,
M'en eſtimant du nombre,
Me veut mener tout vif dans le ſejour des morts.
J'entens desja la voix du Juge inexorable,

Je voy desja l'appreſt du tourment perdurable,
Qu'ont pour les malheureux les démons eſtably :
Mais le divin flambeau dont j'adore la flame
A fait que pour mon ame,
La mort eſt ſans repos, & l'enfer ſans oubly.

SCENE III.

CLORISE. ALCIDOR.

CLORISE.

IE perds en vain mes pas en ces rochers deſerts,
Mes paroles en vain ſe perdent dans les airs,
Je n'entens aucun bruit, plus ce bois eſt paiſible,
Et plus ſa ſolitude à mes ſens eſt horrible.
Ces antres tenebreux ne ſont point ſans danger,
Je ne voy dans ces champs ny troupeau ny Berger,
J'ay perdu mon chemin, je ne trouve perſonne,
La frayeur me ſaiſit, toute choſe m'eſtoane :
Mes yeux de tous coſtez percent l'ombre des bois,
Les rochers les plus durs reſpondent à ma voix ;
Et ſi je ne voy rien, ny ne puis rien entendre,
Mes pas irreſolus ne-ſçavent où ſe rendre.
Je me confonds au choix de ces chemins divers,
En cherchant Alcidor moy-meſme je me perds.
Mais j'entends, ce me ſemble, une voix deſolée,
Que le vent me rapporte au long de la valée ;
Seroit-ce point la ſienne ? il y faut aller voir.

ALCIDOR.

Qu'eſt-ce qui dans ce bois me peut appercevoir ?
J'entends quelqu'un venir.

CLORISE.

          O bons Dieux ! c'est luy mesme :
Le voila de son long tout pensif & tout blesme :
Berger , quittez ces pleurs, ils sont hors de saison :
Desormais vos regrets n'auront plus de raison ,
Vostre contentement est en vostre puissance ,
La fortune vous offre une bonne alliance ,
Le pere est consentant , il ne tient plus qu'à vous ;
Ce sera vostre bien , au jugement de tous :
Vous cognoissez la race & le nom d'Ydalie ,
Et de quelle richesse est sa maison remplie.

ALCIDOR.

Puis que je vois le sort m'estre si rigoureux,
Il vaut mieux que tout seul je vive malheureux ;
Que de luy faire part des mauvaises fortunes
Qui depuis le berceau m'ont esté si communes.

CLORISE.

Quel sujet avez-vous de vous plaindre du sort ?

ALCIDOR.

De ce qu'il ne me donne ou la vie ou la mort.

CLORISE.

Voudriez-vous par la mort finir vostre martyre ?

ALCIDOR.

Ouy , si je suis privé du bien que je desire.

CLORISE.

Qui vous fait desirer ce que le Ciel defend ?

ALCIDOR.

Le malheur d'estre esclave au pouvoir d'un enfant.

CLORISE.

Aucun n'est prins d'Amour s'il ne se laisser prendre.

ALCIDOR.

Mesme les immortels ne s'en peuvent deffendre.

CLORISE.

La raison de ce mal est le contre-poison.

ALCIDOR.
Depuis qu'il est extreme on n'a plus de raison.
CLORISE.
Le temps seul peut guerir cette chaude furie.
ALCIDOR.
Ny le temps ny la mort ne la rendra guerie.
CLORISE.
Ne vous laissez-vous point de tant de maux soufferts?
ALCIDOR.
Mon cœur ne peut avoir de plus aymables fers.
CLORISE.
.Il faut qu'une autre flame en chasse la premiere.
ALCIDOR.
Rien ne peut du Soleil effacer la lumiere.
CLORISE.
Oubliez, oubliez ces folles passions,
Donnez un autre object à vos affections.
ALCIDOR.
Brisons-là ce discours, vostre entreprise est vaine.
Aprés avoir aimé la fille de Silene
Je ne puis moderer un feu si vehement ,
Si ce n'est par mort , ou par l'esloignement,
Il faut pour la quitter que je quitte la France.
CLORISE.
Helas ! que fera-t'elle en vostre longue absence,
Elle qui ne respire & ne vit que par vous ?
ALCIDOR.
Elle esteindra sa flame au bras d'un autre espoux
Plus heureux qu'Alcidor , mais non pas plus fidelle.
CLORISE.
Au moins accordez-moy de prendre congé d'elle
Pour la derniere fois.
ALCIDOR.
　　　　　　　　Cela ne fera rien
Qu'augmenter à vos yeux son tourment & le mien.

CLORISE.

Alcidor, croyez-moy, voyez cette Bergere ;
Souvent le bonheur vient lors que moins on l'espere :
Chacun a soin de vous, les Dieux par leur bonté
Vous peuvent redonner ce qu'ils vous ont osté.
L'on a veu surmonter de plus fascheux obstacles ;
Revenez avec moy.

ALCIDOR.

       Combien que sans miracles
Je ne puisse esperer mon salut qu'au trespas,
Je suivray donc encor vostre advis & vos pas.

SCENE IV.

TISIMANDRE. YDALIE.

TISIMANDRE.

A La fin ma rebelle a cogneu ma constance ;
A la fin mes travaux ont eu leur recompence,
A la fin j'ay faict trefve avecque les malheures ,
L'Amour dans son carquois me presente des fleurs :
A la fin ma Déesse est à mes vœux propice ,
Comme les autres Dieux elle ayme la Justice ,
Et sçait recompenser le zele des mortels ,
De qui la pieté revere ses autels :
Allons , mon beau Soleil , le devoir nous convie ;
Davoir l'advis de ceux dont vous tenez la vie.

YDALIE.

Cela sera facile , il n'en faut point douter ,
L'honneur de vous avoir n'est point à rejetter.

TISIMANDRE.

Allons donc les chercher; je croy que voftre pere
Eft allé voir la nopce au logis de fon frere.
Mais ne voyez vous pas quelques gens amaffez,
Qui desja vers le bourg fe font fort advancez?
Ne les feroit-ce point?

YDALIE.

       Ils en ont l'apparence.

TISIMANDRE.

D'où leur pourroit venir un fi profond filence?
Il n'ont ny violons, ny flutes, ny haubois;
A peine feulement peut-on ouïr leurs voix,
On n'oit point retentir de chanfons d'Hymenée;
Qui les rend fi penfifs à fi bonne journée?
Ils s'avancent vers nous, haftons-nous vifte-
   ment,
Nous fçaurons le fujet de leur eftonnement.

SCENE V.

YDALIE. DAMOCLE'E. TISIMANDRE.
SILENE. CHRISANTE. CLORISE.
ARTENICE. ALCIDOR. CLEANTE,
Le vieil ALCIDOR. LUCIDAS.

YDALIE.

VOILA celuy, mon pere, à qui je dois
   la vie;
Si vous le trouvez bon, le devoir me convie
De recevoir les vœux de fon affection,

Et mettre ma franchise en sa protection
Dans les nœuds éternels d'amour & d'Hymenée.
DAMOCLE'E.
Vous y venez trop tard, ma parole est donnée.
TISIMANDRE.
Comment, est-il quelqu'un envieux de mon bien
Qui me vouluſt ravir ce que j'ay rendu mien ?
Que deviendroit ma peine & ma perseverance
Dont je n'ay que ſa foy pour toute recompence ?
DAMOCLE'E.
Elle n'a point pouvoir de vous donner ſa foy,
Puis que je ſuis ſon pere, elle depend de moy,
Alcidor est celuy que je veux pour mon gendre.
YDALIE.
Il est vray qu'autrefois j'euſſe peu condeſcendre
A recevoir l'Amant que l'on m'offre aujourd'huy,
Mais n'eſtant plus à moy je ne ſuis plus à luy.
Ce Berger teſmoignant ſon amour exceſſive,
En me tirant des fers m'a rendu ſa captive.
DAMOCLE'E.
Vous luy feriez grand tort de l'amuſer à vous,
De la belle Artenice il doit eſtre l'eſpoux,
Le Ciel nous le commande, & chacun le ſouhaite.
ARTENICE.
Encore qu'on l'ait dit, ce n'est pas choſe faite,
Il faut auparavant cognoiſtre ſon amour ;
Artenice n'est point la conqueſte d'un jour.
Quand ſes vœux par cinq ans me l'auront teſmoi-
    gnée,
Comme il a par cinq ans la mienne dedaignée,
A l'heure je verray ſi je ſeray pour luy.
YDALIE.   (nuy
D'où nous provient ce trouble autheur de tant d'en-
Qui s'oppoſe au bonheur où tout le monde aſpire ?

SILENE.

La volonté des Dieux qu'on ne peut contrendire ;
Qui deffend que ma fille espouse un estranger,
Faites un autre Amant, laissez- moy ce Berger ,
Je tiendray mon bonheur de vostre courtoisie.

CRISANTE.

Vous ne jouirez pas à vostre fantaisie
Du desir d'un Berger amoureux comme il est ,
Ny du pouvoir d'un Dieu qui fait ce qui luy plaist.

TISIMANDRE.

Ne pensez plus à moy, puis qu'en ma propre terre
Les hommes & les Dieux me declarent la guerre ,
Je vay chercher ailleurs ou mon pis, ou mon mieux.

ARTENICE.

Et moy, dont le malheur est si contagieux ,
A quoy me resoudray-je ? où sera ma retraicte ?
Toute chose s'oppose à ce que je souhaite ,
N'eust il pas valu mieux estre morte en naissant ,
Et voir mon triste sort finir en commençant ,
Que de le voir tousjours traverser tout le monde ?

CRISANTE.

Certes je ne sçay pas où nostre espoir se fonde ,
Je n'entends que souspirs , je ne voy que malheurs.

DAMOCLEE.

Peut-estre qu'Alcidor mettra fin à nos pleurs ;
Oyons ce qu'il dira , le voicy qu'il arrive.

ALCIDOR.

Puis qu'après tant d'ennuis le desespoir me prive
De l'aise & de l'honneur de vivre avecque vous ,
Puis que dans un sejour si fertile & si doux
Je ne puis asseurer le repos de ma vie ,
Avant que vous quitter le devoir me convie
De tesmoigner à tous que jusques au cercueil
Je vous suis obligé de vostre bon accueil.
Vueille le Tout-puissant à mes vœux favorable

Vous payer les bienfaicts dont je suis redevable,
Puissiez-vous voir sans fin en toutes les saisons
L'abondance & la paix regner en vos maisons.
Et vous, chere beauté, dont j'adore la flame,
Puissiez-vous à jamais, belle ame de mon ame,
Avoir autant de biens & de contentemens
Que vostre affection m'a cousté de tourmens.
Pour moy le seul espoir de mon inquietude
Est de passer ma vie en une solitude,
Et cacher dans l'horreur de quelque antre secret
Celuy sur qui le jour ne luist plus qu'à regret.
Adieu donc, belle Seine, adieu campagnes vertes,
Complices & tesmoins de mes peines souffertes.

CLORICE.

Est-ce là le sujet qui vous a ramené ?
Voulez-vous donc tousjours demeurer obstiné ?
Ny priere ny pleurs n'ont-ils point de puissance ?
Avez-vous resolu d'abandonner la France,
Où tout le monde a soin de vostre avancement ?

ALCIDOR.

Y sçaurois-je trouver aucun contentement,
Et voir tousjours l'object qui traverse ma vie ?

CLORISE.

Pour le moins Alcidor, contentez nostre envie,
De demeurer encore une heure avecque nous.

ALCIDOR.

Cela ne serviroit qu'à vous affliger tous.

CRISANTE.

Au contraire, Alcidor, vostre seule presence
Nous semble redonner la joye & l'esperance.

ALCIDOR.

D'un esprit accablé de mortelles douleurs
Qu'en pouvez-vous avoir que des cris & des pleurs?

ARTENICE.

Si jamais j'eus pouvoir dessus vostre courage

Rendez-m'en aujourd'huy le dernier tesmoignage,
Donnez-moy seulement ce qui reste du jour.

ALCIDOR.

Je ne puis resister au pouvoir de l'amour ;
Il vous faut obeir, ô ma belle Déesse,
Pour la derniere fois vous serez ma maitresse.

CLEANTE.

A la fin nous l'aurons, ce cœur de diamant
Aux larmes d'Artenice a quelque sentiment.
Il nous faut essayer par une amour plus forte,
De luy faire changer celle qui le transporte.

Le vieil ALCIDOR.

En quel endroit, mon fils, avez-vous tant esté ?
Que fistes-vous alors que vous m'eustes quitté ?

ALCIDOR.

Las ! pardonnez, mon pere, à l'ennuy qui m'outrage,
Si j'offre à vostre abord un si triste visage.

Le vieil ALCIDOR.

Quant à moy desormais je brave le malheur,
L'aise de vous revoir a finy ma douleur,
Quelque sujet de pleurs que le destin m'envoye
Je ne verseray plus que des larmes de joye.

CLEANTE.

C'est à vostre vieillesse un agreable appuy,
Quê l'amitié d'un fils vertueux comme luy :
De quelque excès d'amour dont vous soyez capable,
Vous ne sçauriez l'aymer autant qu'il est aymable.

Le vieil ALCIDOR.

Ce n'est point mon enfant, mon bon-heur l'a trouvé,
Et mon affection l'a tousjours eslevé,
De puis que son berceau luy servant de nacelle,
En le sauvant des flots le mit sous ma tutelle.

DAMOCLE'E.

Comment se fit cela ? quel sinistre dessein
L'avoit mis en naissant si proche de sa fin ?

Le

Le vieil ALCIDOR.

Je ne le puis sçavoir : les eaux d'Oise & de Seine
Disputans ce butin, faisoient que de la plaine
Je ne peus discerner qui des deux l'apportoit :
Je m'approchay du bord lors qu'encore il flottoit ;
Où ces jeunes attraits me donnerent envie
De le porter chez moy pour luy sauver la vie,
Et ma femme dès lors qui l'aima comme sien,
Ne sçachant point son nom le fit nommer du mien.

DAMOCLE'E.

En quel temps fut cela ?

Le vieil ALCIDOR.

        Ce fut l'an que la France
Se veid couverte d'eaux en si grande abondance,
De puis ce jour fatal les moissons de Ceres
Ont par dix & neuf fois redoré nos guerets.

DAMOCLE'E.

Las ! je perdis alors par la fureur de l'onde
Daphnis, qui ne faisoit que de venir au monde ;
Je pleure quand j'y pense & m'en souviens tousjours ;
Ce fleuve à gros bouillons debordant de son cours
Remplissoit de terreur les campagnes voisines ;
Mes troupeaux effroyez gaignerent les colines,
Et le petit Daphnis encor dans le berceau,
Demeura dans ma loge à la mercy de l'eau :
Trois fois pour le sauver je me mis à la nage ;
Mais un large torrent estoit dans mon passage,
Qui ravageant l'espoir des coustaux les plus verts
Precipitoit son cours dans leurs flancs entr'ouverts,
Couvroit les champs voisins de cailloux & d'arene,
Et payoit en grondant son tribut à la Seine :
Dans le milieu de l'eau les vagues m'offusquoient,
La peur me saisissoit, les forces me manquoient :
De ma temerité les ondes se courroussent,
Et malgré mes efforts par trois fois me repoussent.

M

L'orage cependant se rend par tout commun,
Grands & petits ruisseaux se rassemblent en un;
Je regarde en pitié ma maison assiegée
Soustenir les efforts d'une vague enragée,
Et desja la fureur dont elle la battoit
Faisoit monter l'escume aussi haut que le toit:
Enfin de toutes parts la tempeste bouillonne,
La charpante gemit, la muraille s'estonne,
L'un s'esleve sur l'eau, l'autre fond au dessous,
Je perds en ce malheur la parole & le pous,
Quand je vis mon enfant dans le milieu des ondes
Errer à la mercy des poutres vagabondes,
Tant que je le peus voir je le suivis des yeux,
Et puis je le remis en la garde des Dieux.
Ne seroit-ce point luy qui tient de vous la vie?
Recognoissez-le bien, chacun vous en convie,
Quelle marque avoit-il lors qu'il fut abordé?

Le vieil ALCIDOR.

Voila son bracelet que j'ay tousjours gardé.

DAMOCLE'E.

C'est celuy qu'il avoit, ô merveille du monde!
Mon enfant est sauvé de la rage de l'onde,
Venerable Vieillard, helas! que ferons-nous
Pour vous rendre le bien que l'on reçoit de vous?

SILENE.

A la fin tout le monde aura ce qu'il souhaite,
La volonté des Dieux est par vous satisfaite,
Ce Berger est celuy que la Déesse entend,
Du bon-heur de mon frere un chacun est content,
En luy donnant un fils vous me donnez un gendre,
La Bergere Ydalie aura son Tisimandre,
Et ma fille celuy que par eslection
Le destin reservoit à son affection.

ALCIDOR.

Que je luy dois d'autels du bon-heur qu'il m'envoye

ARTENICE.

Que de biens à la fois !

YDALIE.

Dieux, que j'en ay de joye !

TISIMANDRE.

Vieillard de qui nos maux ont leur soulagement,
Dieu vous-peut il combler d'aucun contentement
Qui ne soit au dessous de ceux qu'on vous desire ?

ALCIDOR.

Après tant de faveurs que vous sçaurois-je dire,
A vous par qui je suis comblé d'aise & d'honneur,
Et par qui le destin avec tant de bon-heur,
Pour la seconde fois me redonne la vie ?
Dans l'excès des plaisirs dont mon ame est ravie
Je ne penseray plus à mon tourment passé
Que pour benir les Dieux qui l'ont recompensé.

SILENE

Sus donc preparez-vous à gouster les délices
Dont l'amour satisfait vos fidelles services :
Et nous autres Vieillards amoureux du repos
Allons vuider en rond les verres & les pots ;
Le Ciel de toutes parts nous met en asseurance,
Il faut mon frere encor après cette alliance
Pour joindre de nos cœurs l'estroicte liaison,
Faire de nos maisons une seule maison.
Nous y verrons un jour nos gendres & nos filles
Dans un mesme foyer élever nos familles :
Et vous sage Vieillard y viendrez avec nous
Prendre part au repos que nous tenons de vous.

Le vieil ALCIDOR.

Dieux ! que je dois de grace aux bonnes destinées
Qui comblent de tant d'heur la fin de mes années.

TISIMANDRE.

Mais pourquoy Lucidas vient-il si promptement ?
Voudroit-il point encor par quelque enchantement

S'opposer aux douceurs du bon-heur où nous sommes ?

LUCIDAS.

Belles qui possedez la merveille des hommes,
Et vous jeunes Amants que j'ay tant traversez,
Ne m'accusez pas seul de mes crimes passez,
Vous en voyez l'autheur dans les yeux d'Artenice.

DAMOCLE'E.

Laissez-nous en repos, esprit plein d'artifice,
Vous offencez encor ces deux couples d'Amans
En retardant l'effect de leurs contentemens :
La nuict viendra bien tost mettre fin à leurs peines,
Les ombres des coustaux s'allongent dans les plaines,
Desja de toutes parts les Laboureurs lassez
Trainent devers les bourgs leurs coutres renversez,
Les Bergers ont desja leurs brebis ramenées,
Le Soleil ne luit plus qu'au haut des cheminées :
Voicy le temps, Bergers, qu'il se faut depescher
De jouïr des plaisirs qui vous coustent si cher.

LUCIDAS.

Et moy seul resteray-je en proye à la tristesse ?
Passeray-je sans fruict la fleur de ma jeunesse ?
Que me servent ces biens dont en toute saison
Le voisin envieux voit combler ma maison ?
Que me sert que mes bleds soient l'honneur des
   campagnes,
Que les vins à ruisseaux me coulent des montagnes,
Ny que me sert de voir les meilleurs mesnagers
Admirer mes jardins, mes parcs & mes vergers,
Où les arbres plantez d'une égale distance
Ne perissent jamais que dessous l'abondance ?
Ce n'est point en cela qu'est le contentement,
Tout se change icy bas de moment en moment,
Qui le pense trouver aux richesses du monde
Bastit dessus le sable, ou grave dessus l'onde,

Ce n'eſt qu'un peut de vent que l'heur du genre
    humain,
Ce qu'on eſt aujourd'huy, l'on ne l'eſt pas demain;
Rien n'eſt ſtable qu'au Ciel, le temps & la fortune
Regnent abſolument au deſſous de la Lune.

EPITALAME.

CUEILLEZ Amants le fruiſt de vos ſervices,
Que dans vos cœurs la joye & les delices
    Reviennent à leur tour;
Et que l'ardeur dont voſtre ame eſt ſaiſie
Faſſe bruſler le Ciel de jalouſie,
    Et la terre d'amour.
Des champs ingrats naiſſent les pierres fines,
Les belles fleurs s'engendrent des eſpines,
    Et les perles des pleurs:
Les plus beaux jours ſuccedent aux orages,
On ne voit point de Soleil ſans ombrages,
    Ny de biens ſans douleurs.
Voicy la nuiſt ſi long temps differée,
Qui vient alors qu'elle eſt moins eſperée
    Accomplir vos deſirs:
Teſmoignez-y que toutes ces tempeſtes
En augmentant l'honneur de vos conqueſtes
    Augmentent vos plaiſirs.
Ne craignez point que pour vous y déplaire
Quelque importun vos actions éclaire
    D'un ſoin trop curieux:
Le ſainct Hymen qui vous met dans la lice

N'y laissera ny tesmoins ny complice
   Qu'un Dieu qui n'a point d'yeux.
L'obscurité vous ostera de crainte,
C'est où vos vœux jouïront sans contrainte,
   Du loyer de leur foy :
Cache-toy donc unique feu du monde,
Estein le jour, & remporte dans l'onde
   La honte avecque toy.
Ne souffre point que ta flame importune
S'oppose tant à la bonne fortune
   De deux autres Soleils :
Haste ton cours, la raison t'en convie,
Ou l'on dira que tu portes envie
   A l'heur de tes pareils.

EGLOGUE.

MISERABLE troupeau qui durant la froidure
Voy ces champs sans moisson, & ces prez sans
  verdure,
Sçache que pour jamais l'espoir nous est osté
D'avoir en ce climat de Printemps ny d'Esté.
L'astre par qui les fleurs émailloient les campagnes,
Par qui le serpoulet parfumoit les montagnes,
Et par qui finissoit cette froide saison,
A porté sa lumiere en un autre horison,
Et dans ces tristes lieux n'en reste aucunes flames,
Que celle que l'Amour en conserve en mon ame.
Combien en ce malheur je benirois les Cieux,
Si, quand leur tyrannie éloigna de mes yeux
Celle dont la presence est mon heur & ma gloire,

Ils euſſent de mon ame eſloigné ſa memoire.
Soit que le jour renaiſſe au ſommet des rochers,
Et commence à dorer la pointe des clochers,
Ou ſoit que dans les eaux ſa lumiere finiſſe,
Je ne penſe jamais qu'aux beautez d'Artenice,
Quand les plus douces nuiĉts aſſoupiſſent les corps,
Et font que les vivans ſont ſemblables aux morts,
Que toutes les couleurs ſont reduites en une,
Mon eſprit delivré de la foule importune
Se forme ſa figure auſſi belle qu'elle eſt,
Lors que ne voyant rien il voit ce qui luy plaiſt,
Et par les meſmes vœux dont je l'ay reclamée,
Adore ceſte image en mon ame imprimée.
Pourquoy n'uſez-vous pas, adorable Soleil,
Des flames de vos yeux comme voſtre pareil?
Lors qu'il nous quitte au ſoir il remporte dans l'onde
Les rayons éternels dont il eſclaire au monde,
Et ſouffre que les corps & les eſprits laſſez
Accordent le repos à leurs travaux paſſez :
Mais en quelque climat où le Ciel vous emmeine
Je ne trouve jamais de relaſche à ma peine,
Dieux, que ma paſſion a de temerité !
Que les conſeils d'amour ſont pleins de vanité,
De m'adreſſer à vous, dont la race divine
Du ſang meſme de Pan a prins ſon origine,
Et de qui les apas trop chaſtement gardez
Par le ſeul Alcidor ont eſté poſſedez :
Celuy de qui la mort ſi digne de la vie
Fiſt moins aux braves cœurs de pitié que d'envie,
Et que l'on eſtimoit tant qu'il fut parmy nous
Le ſalut des troupeaux & la terreur des loups.
Ay-je des qualitez qui ne ſemblent petites,
Lors que je les compare à ces moindres merites?
Il le faut avoüer avecque verité,
Il me paſſoit en tout fors en fidelité :

Mais cela ne m'est pas une grande loüange,
A quelle autre beauté pourrois-je aller au change;
Quelle autre a des appas plus charmans & plus doux,
Ou quelle autre a l'esprit plus aimable que vous?
Certes, bien que ma foy n'eût jamais de seconde,
Qu'elle soit comme vous la merveille du monde,
N'est-ce pas estre injuste au prix de vos beautez,
De croire vous aimer comme vous meritez?
Pour moy toutes les fois que je pense aux merveilles
Dont vostre bel esprit ravissoit mes oreilles,
Ou que je me souviens des aymables apas
En qui mes yeux trouvoient la vie & le trespas;
Repassant à loisir en ma triste memoire
Ce bien heureux estat du comble de ma gloire;
En ce grand changement je recognois assez
Que les plus doux plaisirs sont les plustost passez.
Lors que je me retrouve en ces belles demeures
Où les jours les plus longs ne sembloient que des
        heures,
Cela ne sert de rien qu'à me ramentevoir
Que je ny verray plus ce que j'y soulois voir,
Cét agreable pré, cette fertile plaine
Qui paroient à l'envy les rives de la Seine,
Ces jardins où la grace estalloit ses apas
Alors que tant de fleurs y naissoient sous vos pas;
Tous ces lieux où l'amour plein d'attraits & de
        flames
Donnoit par vous ses loix à tant de belles ames,
Et tout ce qu'a Paris de plus delicieux
Est ce qui maintenant m'est le plus ennuyeux;
Plus triste & plus chagrin que le temps où nous
        sommes
J'évite également l'abord de tous les hommes,
Les lieux les plus deserts me semblent les plus doux,
Je ne veux entretien que de penser en vous,

Et

Et soit que je m'arreste aux graces naturelles
Qui vous font estimer un miracle des belles,
Celle dont vous marchez, celle dont vous parlez,
De combien de douceurs vos refus sont meslez,
Ou que pensant plus haut ma raison estonnée
Admire les beautez dont vostre ame est ornée,
Je n'y trouve qu'apas dont mon cœur se repaist,
Mesme de vos rigueurs le souvenir me plaist :
Combien j'ay desiré, bel Astre que j'adore,
De payer le bon-heur de vous revoir encore,
Des maux les plus cruels, & les plus rigoureux
Dont Amour puisse rendre un esprit malheureux,
Qu'alors que tous mes soins tascheront de vous
    plaire,
Vous ne me puissiez voir sans haine ou sans colere,
Qu'aucun de mes desseins ne puisse reüssir,
Que jamais vostre cœur ne se veüille adoucir,
Qu'il me refuse tout pourveu que je vous voye,
Je penseray joüir du comble de ma joye.
Ainsi parloit Arcas durant cette saison
Qui retient au foyer tout le monde en prison,
Plaignant moins toutefois en ce commun supplice
L'absence du beau-temps que celle d'Artenice.

FIN DES BERGERIES.

ODE

Pour Monseigneur le Duc de Belle-garde Pair & grand Ecuyer de France.

Amour, à qui je dois les Chansons immor-
    telles
Qui par toute la terre ont volé sur tes aîles,
Et qui seul m'as enflé le courage & la voix ;
N'es-tu pas bien enfant, alors que tu m'invites
D'oublier les rigueurs, pour chanter les merites
D'une ingrate beauté qui méprise tes loix ?

Permets qu'employant mieux les accords de
    ma lire ,
Je chante mon Roger, l'honneur de cet Empire,
Et qui dessous le tien si long-tems a vécu ;
Puisque de sa valeur tu fus toûjours le maitre,
En disant ses vertus ne fais-je pas connoître
La gloire du vainqueur par celle du vaincu ?

Quand trois lustres passez le mirent hors
    d'enfance ,
Et que parmi la joye & la magnificence
Les Belles admiroient ses aimables appas ,
Combien en oyoit-on soûpirer leur martire ?
Si tu voulois, amour, tu sçaurois bien qu'en dire
Toy qui ne l'as jamais abandonné d'un pas.

A péine le coton ombrageoit son visage,
Que déja sous Henry ce genereux courage

Fit voir par les effets, qu'il étoit fils de Mars ;
Toy-même dés ce tems l'aimas comme ton
    frere,
Et quittas sans regret le giron de ta mere,
Pour suivre sa fortune au milieu des hazards.

Tu fus toûjours depuis son demon tutelaire,
Tu fis avecque luy ta demeure ordinaire,
Quelquefois dans son cœur, quelquefois dans
    ses yeux :
De ses plus beaux desseins tu fus toûjours com-
    plice,
Et preferois l'honneur de luy rendre service,
A celuy de regir les hommes & les Dieux.

Quand ses jeunes attraits triomphoient des
    plus belles,
Combien as-tu de fois fendu l'air de tes ailes
Pour éclairer ses pas avecque ton flambeau ?
Et quand toute la Cour admiroit ses merveilles,
Pour voir en tous endroits ses graces nompa-
    reilles,
Combien as-tu de fois arraché ton bandeau ?

Mais nos prosperitez sont de courte durée,
Il n'est point ici-bas de fortune asseurée,
Elle changea bien-tost nos plaisirs en douleurs ;
Quand durant une paix en délices feconde,
La Seine par la mort du plus grand Roy du
    monde,
Vit rouler dans son lict moins de flots que de
    pleurs.

En vain lors les esprits envieux de sa gloire
Dégorgerent le fiel de leur malice noire
Pour lui ravir l'honneur dont il est revestu ;

L'équité de ses mœurs qui luy servoit d'Ægide;
Fit qu'aprés ces travaux à la fin cet Alcide
Força mesme Junon d'admirer sa vertu.

Tel qu'un chesne puissant dont l'orgueilleuse teste ,
Malgré tous les efforts que luy fait la tempeste,
Fait admirer nature en son accroissement;
Et son tronc venerable aux Campagnes voisines
Attache dans l'enfer ses secondes racines ,
Et de ces larges bras touche le firmament.

Tel parut ce guerrier , quand leurs folles pensées.
Tascherent de ternir ses actions passées ;
Plus il fut traversé , plus il fut glorieux;
Sa barque triompha du couroux de Neptune ;
Et les flots qu'émouvoient les vents de la fortune ,
Au lieu de l'engloutir l'éleverent aux Cieux.

Ses lauriers respectez des tempestes civiles,
Dans les champs où la Saône épand ses flots tranquiles
Protegerent Themis en nos derniers malheurs;
Aux vents seditieux ils défendoient l'entrée ,
Et n'en souffroient aucun en toute la contrée;
Que celuy seulement qui fait naistre les fleurs.

Déja se ralumoient nos rages domestiques,
Déja Mars apprestoit les spectacles tragiques,
Par qui l'on voit tomber les Empires à bas;
Jamais sa cruauté n'a produit tant de plaintes
Non pas mesme jadis quand les cendres éteintes
Ne sçûrent au bucher éteindre leurs debas.

Toutefois sa prudence à nostre aide fatale
Calma de nos discours la passion brutale,
Et toucha nos fureurs d'un sentiment humain ;
Bellonne s'appaisa contre toute esperance ,
Et le fer aiguisé pour détruire la France ,
Encore tout sanglant luy tomba de la main.

Roger dont la valeur méprise la fortune
En ce temps où chacun ta faveur importune ;
Et souffre laschement l'insolence du sort ,
A toi seul nous devons des vœux & des Images ;
Si quelque liberté reste dans les Courages ,
C'est ta seule vertu qui lui sert de support.

Nos crimes trop frequens ont lassé le ton-
 nerre ,
Le Ciel ne punit plus l'engeance de la terre ,
Qui déja reproduit tant de monstres divers ;
Le destin absolu regne à sa fantaisie ,
Les Dieux dans leur Olimpe enyvrez d'am-
 broisie
Se déchargent sur lui du soin de l'Univers.

Mais parmi tant d'ennuis dont l'envie enragée
Depuis un si long-temps a la France outragée ,
Qu'elle est presque reduite à ployer sous le faix ,
Certes le seul de tous qui nous est le plus rude ,
Est de voir que le siecle a trop d'ingratitude ,
Et ne reconnoist pas l'honneur que tu luy fais.

Pour moy de qui l'enfance au malheur asservie ;
Surmonta les soucis qui menaçoient ma vie
Par l'excez des faveurs qu'elle reçut de toy ;
Ces obligations me rendent insolvable ;
Mais dois-je estre honteux d'estre ton redevable
Si la France à jamais l'est aussi bien que moy ?

LA
VENUE DU PRINTEMPS
A M. DE TERMES.
ODE

Enfin, Termes, les ombrages
Reverdiſſent dans les bois,
L'hyver & tous ſes orages
Sont en priſon pour neuf mois :
Enfin la neige, & la glace,
Font à la verdure place ;
Enfin le beau temps reluit,
Et Philomele aſſurée
De la fureur de Terée,
Chante aux foreſts jour & nuit.

Déja les fleurs qui bourgeonnent
Rajeuniſſent les vergers ;
Tous les Echos ne reſonnent
Que de Chanſons de Bergers ;
Les jeux, les ris, & la dance
Sont par tout en abondance ;
Les delices ont leur tour,
La triſteſſe ſe retire,
Et perſonne ne ſoupire,
S'il ne ſoupire d'amour.

Les moissons dorent les plaines,
Le ciel est tout de saphirs,
Le murmure des fontaines
S'accorde au bruit de zephirs ;
Les foudres & les tempestes,
Ne grondent plus sur nos testes ;
Ny des vents seditieux
Les insolentes coleres
Ne poussent plus les galeres
Des abimes dans les cieux.

Ces belles fleurs que Nature
Dans les Campagnes produit,
Brillent parmy la verdure
Comme des astres la nuit :
L'Aurore qui dans son ame
Brusle d'une douce flâme,
Laissant au lit endormi
Son vieil mary, froid & pasle,
Desormais est matinale
Pour aller voir son amy.

Termes, de qui le merite
Ne se peut trop estimer,
La belle saison invite
Chacun au plaisir d'aimer :
La jeunesse de l'année
Soudain se voit terminée ;
Aprés le chaud vehement
Revient l'extresme froidure ;
Et rien au monde ne dure
Qu'un éternel changement.

Leurs courses entre-suivies
Vont comme un flus & reflus ;

Mais le printemps de nos vies
Passe & ne retourne plus.
Tout le soin des destinées
Est de guider nos journées
Pas à pas vers le tombeau ;
Et sans respecter personne,
Le temps de sa faux moissonne
Ce que l'homme a de plus beau.

   Tes loüanges immortelles,
Ny tes aimables appas
Qui te font cherir des belles,
Ne t'en garentiront pas.
Croy-moy, tant que Dieu t'octroye
Cet âge comblé de joye,
Qui s'enfuit de jour en jour,
Joüis du temps qu'il te donne,
Et ne croy pas en Autonne
Cueillir les fruits de l'amour.

ODE BACHIQUE

A Monsieur Ménard President
d'Orillac.

Aintenant que du Capricorne
Le temps mélancolique & morne
Tient au feu le monde assiegé,
Noyons nostre ennuy dans le verre,
Sans nous tourmenter de la guerre
Du Tiers Etat & du Clergé.

Je sçay , Ménard , que les merveilles
Qui naissent de tes longues veilles
Vivront autant que l'Univers ;
Mais que te sert-il que ta gloire
Se life au temple de Memoire
Quand tu seras mangé des Vers ?

Quitte cette inutile peine ,
Beuvons plûtost à longue halcine
De ce nectar délicieux ,
Qui pour l'excellence precede
Celuy mesme que Ganimede
Verse dans la coupe des Dieux.

C'est lui qui fait que les années
Nous durent moins que des journées ;
C'est luy qui nous fait rajeunir
Et qui bannit de nos pensées ,
Le regret des choses passées ,
Et la crainte de l'avenir.

Beuvons, Ménard , à pleine tâsse ;
L'âge insensiblement se passe ,
Et nous mene à nos derniers jours ;
L'on a beau faire des prieres ,
Les ans non plus que les rivieres ,
Jamais ne rebroussent leur cours.

Le printemps vêtu de verdure ,
Chassera bien-tost la froidure ,
La mer a son flux & reflux.
Mais depuis que nostre jeunesse
Quitte la place à la vieillesse ,
Le temps ne la ramene plus.

Les loix de la mort sont fatales ;
Aussi bien aux Maisons Royales ,
Qu'aux taudis couverts de roseaux.
Tous nos jours sont sujets aux Parques ;
Ceux des Bergers , & des Monarques ,
Sont coupez de mesmes ciseaux.

Leurs rigueurs par qui tout s'efface ,
Ravissent en bien peu d'espace
Ce qu'on a de mieux établi ;
Et bien-tost nous meneront boire
Au - delà de la rive noire
Dans les eaux du fleuve d'oubly.

A Mr LE COMTE DE BUSSY

de Bourgogne

ODE.

BUssy , nostre printemps s'en va presque ex-
    piré ,
Il est temps de joüir du repos asseuré ,
    Où l'âge nous convie :
Fuyons donc ces grandeurs qu'insensez nous
    suivons ,
Et sans penser plus loin joüissons de la vie
    Tandis que nous l'avons.

Donnons quelque relasche à nos travaux passez,
Ta valeur & mes Vers ont eu du nom assez ,
    Dans le siecle où nous sommes :

Il faut aimer noftre aife, & pour vivre contens,
Acquerir par raifon ce qu'enfin tous les hommes
    Acquierent par le temps.

   Que te fert de chercher les tempeftes de Mars,
Pour mourir tout en vie au milieu des hazards
    Où la gloire te mene ?
Cette mort qui promet un fi digne loyer,
N'eft toûjours que la mort qu'avecque moins de
    peine
    L'on trouve en fon foyer.

Que fert à ces galants ce pompeux appareil
Dont ils vont dans la lice éblouïr le Soleil
    Des tréfors du Pactole ?
La gloire qui les fuit aprés tant de travaux,
Se paffe en moindre temps que la poudre qui
    vole
    Du pied de leurs chevaux.

   A quoy fert d'élever les murs audacieux
Qui de nos vanitez font voir jufques aux cieux
    Les folles entreprifes ?
Maints chafteaux accablez deffous leur propre
    fais,
Enterrent avec eux les noms & les devifes
    De ceux qui les ont faits.

   Employons mieux le temps qui nous eft limité,
Quittons ce fol efpoir par qui la vanité
    Nous en fait tant accroire :
Qu'amour foit deformais la fin de nos defirs ;
Car pour eux feulement les Dieux ont fait la
    gloire,
    Et pour nous les plaifirs.

Heureux qui dépoüillé de toutes passions
Aux loix de son païs régle ses actions
Exemptes d'artifice :
Et qui libre du soin qui t'est trop familier,
Aimeroit mieux mourir dans les bras d'Artenice
Que devant Montpelier.

A Mr DE BALZAC

ODE.

INgrates filles de Memoire ,
Je croy que vous n'ignorez pas
Que j'ay préferé vos appas
Aux appas mesme de la gloire ;
Et que parmi ces vanitez ,
Ces faveurs & ces dignitez
Où le soin des autres aspire ,
Je ne demande à mon bonheur
Que d'avoir part à cet honneur ,
Sur qui le temps n'a plus d'empire.

Enflé de cette belle audace ,
A peine sçavois-je marcher ,
Que j'osay vous aller chercher
Au plus haut sommet de Parnasse ;
Apollon m'ouvrit ses trésors ,
Et vous me jurâtes dés-lors
Par vos sciences immortelles ,
Que mes écrits verroient le jour ,
Et tant qu'on parleroit d'amour
Vivroient en la bouche des belles.

Toutefois aprés ces careſſes
Que je veux par tout publier,
Balzac vous a fait oublier
Mes ſervices & vos promeſſes.
Luy ſeul diſpoſe par ſes mains
De cet honneur dont les humains
Aprés la mort eſperent vivre ;
Et quoique vous m'ayez juré,
Je n'en ſerois point aſſuré ,
Si je ne l'avois dans ſon livre.

Son éloquence eſt celle-meſme
Qui fait & défait les Etats,
Brave l'orgueil des Potentats ,
Et foule aux pieds leur diadeſme :
On y voit ces Conceptions ,
Qui donnent à nos paſſions
Des peuples entiers pour complices ;
Celles qui les font ſoulever ,
Et celles qui leur font trouver
En la mort meſme des délices.

C'eſt elle qui dans les tempeſtes
Du populaire mutiné ,
Retient par l'oreille en chaiſne ,
Ce cruel Tiphon à cent teſtes :
C'eſt par leurs effets differens
Qu'on voit arracher les tyrans ,
D'entre les bras de la fortune ;
Ou qu'ils ſçavent s'y maintenir ,
Et qu'ils ont le pouvoir d'unir
Toutes nos volontez en une.

Bel eſprit , par qui tous les hommes
Sont viſiblement devancez ,

La honte des siecles passez ,
Et l'honneur du siecle où nous sommes:
Dieu d'éloquence & de sçavoir
Dont les écrits se feront voir
Triomphans de la destinée ;
Te sçaurois-je rien immoler
Qui puisse jamais égaler
La gloire que tu m'as donnée ?

En vain dans le marbre & le jaspe
Les Rois pensent s'éterniser ,
En vain ils en font épuiser
L'un & l'autre rive d'Hydaspe ;
En vain leur pouvoir nompareil
Eleve jusques au Soleil
Leur ambitieuse folie ;
Tous ces superbes bastimens
Ne sont qu'autant de monumens ,
Où leur gloire est ensevelie.

Ces Heros jadis venerables
Par les siecles nous sont ravis ;
Les Dieux mesmes qu'ils ont servis
N'ont plus de noms que dans nos fables:
Ny les Temples ny les Autels
Ne sont point honneurs immortels ;
A peine en voit-on les Images ,
Quoy qu'espere la vanité
Il n'est point d'autre éternité ,
Que de vivre dans tes ouvrages.

Par eux seuls la rigueur des Parques
Se rend sensible à la pitié ;
Par eux seuls de nostre amitié
Se gravent à jamais les marques ;

Et dans les siecles à venir
Où la mort mesme doit finir,
Nostre memoire reverée
Par tout où le Soleil luira,
A l'Univers égalera
Son étenduë & sa durée.

ODE.

P Laisant séjour des ames affligées
   Vieilles forests de trois siecles âgées,
Qui recelez la nuit, le silence & l'effroy ;
Depuis qu'en ces deserts les amoureux sans
      crainte
   Viennent faire leur plainte,
En a-t-on veu quelqu'un plus malheureux que
      moy ?

   Soit que le jour dissipant les étoiles,
   Force la nuit à retirer ses voiles
Et peigne l'Orient de diverses couleurs,
Ou que l'ombre du soir du feste des montagnes
   Tombe dans les campagnes,
L'on ne me voit jamais que plaindre mes dou-
      leurs.

   En mon sommeil aucunefois les songes,
   Trompent mes sens par de si doux mensonges,
Qu'ils donnent à mes maux un peu de reconfort.
O Dieux ! de quel remede est ma douleur suivie,
   De ne tenir la vie
Que des seules faveurs du frere de la mort !

Cette beauté dont mon ame est blessée,
Et que je vois toûjours dans ma pensée,
Jusques dedans les Cieux commande absolument,
Et si ce petit Dieu qui tient d'elle ses armes,
N'est captif de ses charmes,
Il en doit rendre grace à son aveuglement.

Il faut pourtant aprés tant de tempestes
Borner mes vœux à de moindres conquestes,
Je devrois estre sage aux dépens du passé,
Mais ses perfections, ses vertus immortelles,
Et ses beautez sont telles,
Que pour estre insensible il faut estre insensé.

Son œil divin, dont j'adore la flame,
En tous endroits éclaire dans mon ame,
Comme aux plus chauds climats éclaire le So-
leil ;
Et si l'injuste sort aux beautez trop severe,
A fait mourir son frere,
C'est que le Ciel voulut qu'il n'eût point de
pareil.

Ainsi, Daphnis, rempli d'inquietude,
Contoit sa peine en cette solitude,
Glorieux d'estre esclave en de si beaux liens,
Les Nymphes des forests plaignirent son mar-
tyre
Et l'amoureux Zephire,
Arresta ses soûpirs pour entendre les siens;

AU FLEUVE DU LOIR

débordé.

ODE.

Loir, que tes ondes fugitives
Me font agreables à voir,
Lorsqu'en la prison de tes rives
Tu les retiens en leur devoir !
Au lieu de voir sur tes rivages,
Durant ces funestes ravages
Les peuples maudire tes eaux,
Quand leurs familles effrayées
Cherchent de leurs maisons noyées
Le débris parmy les roseaux.

Déia dans les terres prochaines
Ton courroux enflé de boüillons,
Traînant les arbres dans les plaines,
Arrache les bleds des scillons ;
Déja les peuples des campagnes
Cherchent leur salut aux montagnes ;
Les poissons logent aux forests
Quittant leurs cavernes profondes,
Et la nasselle fend les ondes,
Où le soc fendoit les guerets.

Mais pour voir des Chasteaux superbes
Détruits par tes débordemens,
A peine laisser dans les herbes

O

Les marques de leurs fondemens ;
Pour voir les champs les plus fertiles,
Changez en marests inutiles ,
Cela ne m'offenseroit pas ,
Si ton impetueufe rage
Ne s'oppofoit point au voyage
Où l'amour conduifoit mes pas.

Si quelque vain defir de gloire
Te donne une jaloufe ardeur ,
D'imiter la Seine ou la Loire
En leur admirable grandeur ;
Lorfque laffé de ton audace ,
Changeant ta colere en bonace,
Tu rentreras dans ton berceau ,
L'on t'appellera temeraire
De voir qu'en ton cours ordinaire
Tu n'es plus qu'un petit ruiffeau.

O fleuve ingrat à mes prieres !
Pourquoy m'es-tu fi rigoureux ?
Autrefois les Dieux des Rivieres
Comme moy furent amoureux ;
L'œil de la belle Dejanire
Fait qu'encore aujourd'huy foûpire
Et brufle dans fon froid féjour
Ce pauvre Fleuve trifte & morne ,
Qui predit avec fa corne
L'efperance de fon amour.

L'on voit encore en la Sicile
Celuy qu'un beau feu confumoit ,
A qui rien ne fut difficile
Pour joüir de ce qu'il aimoit :
Et peut-eftre cette inhumaine

Qui donne à mon cœur tant de peine ,
Blesse le tein des mesmes traits ,
Quand ses yeux , où l'amour reside ,
Viennent dans ton cristal liquide
Prendre conseil de leurs attraits.

C'est d'ou vient la jalouse envie
Qui s'oppose à mes volontez ,
Pour jouir tout seul de Sylvie
Tu l'enferme de tous costez :
Ces beaux astres de qui les flâmes
Captivent tant de belles ames ,
Sont captifs dans une maison ,
Et semble qu'en tes bras humides
A l'exemple des Aloïdes
Tu tiennes les Dieux en prison.

Mais toutes mes plaintes sont vaines ;
Le bruit de tes flots irritez
Qui vont grondant parmi les plaines
Gardent mes cris d'estre écoutez ;
Il faut sans plus longue demeure ,
Ou que je passe , ou que je meure ,
Puisque l'excez de mes douleurs
Aucune tréve ne m'octroye ,
Autant vaut-il que je me noye
Dans ce fleuve que dans mes pleurs.

ODE

E N l'excessive ardeur de ma perseverance ,
        D'une belle esperance ,
L'amour essaye en vain de consoler mes pleurs :

Mais ne ſçait-on pas bien qu'il a cette coutume
　　　De ſucrer l'amertume ,
Et que tous ſes filets ſont tendus ſous des fleurs ?

Celuy qni ſur les eaux va tenter la fortune ,
　　　Le calme de Neptune
L'aſſure pour un temps de l'empire du ſort ;
Mais à la fin les flots en écumant leur rage ,
　　　S'enflent d'un tel orage ,
Qu'ils luy font regretter les délices du port.

Ainſi ce Dieu qui porte une éternelle envie
　　　A l'heur de noſtre vie ,
Traverſe à tous les coups l'eſpoir des plus con-
　　　tens ;
Sa bonace infidelle abuſe tout le monde ,
　　　Et ſouvent dans ſon onde
Les jours les plus ſereins ſont les plus incouſtans ;

Je ſçai combien d'orage , & combien de tem-
　　　peſte
　　　Sa cruauté m'apreſte ,
t combien mon deſſein ſera laborieux ;
Mais aux braves efforts d'un courage invincible
　　　Il n'eſt rien d'impoſſible ;
Les pénibles conſeils ſont les plus glorieux.

O D E.

S Aiſon des fleurs & des plaiſirs ,
　Beau temps parfumé de zephirs ,
Eſpoir d'une fertile année ,
Que tes appas ont de rigueurs ,

Et que ta plus claire journée
Produira de nuits en mon cœur !

Mon Roy las de l'oisiveté
Où l'hyver l'avoit arresté,
Benit le temps qui l'en délivre ;
On voit bien quel est son pouvoir,
Alors qu'il faut que pour le suivre
Mon amour cede à mon devoir.

Non , non , contentons mon desir ;
C'est le conseil qu'il faut choisir ,
Quoy qu'on en parle & qu'on m'en blâme ,
Puis-je servir un plus grand Roy
Que le bel astre à qui mon ame
A donné ma vie & ma foy ?

Qu'un autre enflé d'ambition ,
Aille assouvir sa passion
Aux yeux d'une foule importune ;
Pour moy je renonce à la Cour ,
Et ne veux faveur ny fortune ,
Que dans l'empire de l'amour.

Qu'il fasse des faits inoüis
Sous les Enseignes de L O U I S ,
Ce grand Mars du siecle où nous sommes ;
Je n'en seray point envieux ;
S'il sert le plus puissant des hommes,
Je sers le plus puissant des Dieux.

A Mr DE BALZAC
ODE.

Doctes Nymphes par qui nos vies
Bravent les ans & le trespas ,
Seules beautez dont les appas
Ont mes passions asservies ,
Vous sçavez bien que la splendeur
De cette orgueilleuse grandeur ,
Où l'espoir des autres se fonde ,
N'est point ce que j'ay desiré ,
Et que j'ay toujours preferé
Vos faveurs à celles du monde.

Enflé de cette belle audace ,
A peine sçavois-je marcher
Que j'osai vous aller chercher
Au plus haut sommet de Parnasse :
Apollon m'ouvrit ses tresors ,
Et vous me jurastes deslors
Par vos sciences immortelles ,
Que mes escris verroient le jour ;
Et tant qu'on parleroit d'amour
Vivroient en la bouche des belles.

Toutefois mes cheres compagnes ,
Ces esperances m'ont failli ,
BALZAC tout seul a recueilli
Ce qu'on cherche dans vos montagnes.
C'est en vain que tous ses rivaux
Esperent par leur longs travaux

En vostre éternelle richesse ,
Luy seul la possede aujourd'huy ,
Et faut que je tienne de luy
Les effets de vostre promesse.

Lors que la nuit étend ses voiles ,
On y remarque des flambeaux
Qui semblent plus grands & plus beaux
Que ne sont les autres Estoiles ,
Mais si-tost que l'astre des cieux
Commence à paroistre à nos yeux ,
Et qu'il a les ombres chassées ,
Nous voyons que de tous costez
Grandes & petites clartez
Sont également effacées.

De mesme ceux à qui la France
A veu tenir les premiers rangs
Dans le siecle des ignorans ,
Devant luy perdent l'asseurance.
Ce grand Soleil des beaux Esprits
A tout seul remporté le prix ,
De luy seul la gloire est connuë ,
Et tous ces petits escrivains
Qui faisoient n'agueres les vains ,
Disparoissent à sa venuë.

Il r'apprend à l'âge où nous sommes
L'Art qui fit ces premieres loix
Par qui l'on rendit autrefois
Les hommes esclaves des hommes,
Il produit ces inventions,
Dont les seules impressions
Ont fait les vertus & les vices,
Ont fait les villes soustlever,

Et fait aux plus lasches trouver
En la mort mesme des delices.

C'est par là que dans les tempestes
De tout un peuple mutiné
On tient par l'oreille enchaisné
Ce cruel Typhon à cent testes ;
C'est par ses propos attirans
Qu'on voit arracher les Tyrans
D'entre les bras de la fortune,
Ou qu'ils sçavent s'y maintenir,
Et qu'ils ont le pouvoir d'unir
Diverses volontez en une.

Les choses les plus ordinaires
Sont rares quand il les escrit,
Et la clarté de son esprit
Rend les mysteres populaires.
La douceur & la majesté
Y disputent de la beauté,
Son éloquence est la premiere
Qui joint l'élegance au sçavoir,
Et qui n'a point d'yeux pour la voir
N'en a point point pour voir la lumiere.

Divin BALZAC, qui par tes veilles
Acquiers tout l'honneur de nos jours,
Grand Demon de qui les discours
Ont moins de mots que de merveilles,
Dieu qui vivant avec nous
As rendu l'Olympe jaloux,
Et toute la terre estonnée,
Ne sçaurois-je rien immoler
Qui puisse jamais esgaler
La gloire que tu m'as donnée ?

Envain

En vain dans le marbre & le jaspe
Les Roys penfent s'éternifer,
En vain ils en font efpuifer
L'une & l'autre rive d'Hydafpe,
En vain leur pouvoir nompareil
Elleve jufques au Soleil
Leur ambitieufe folie,
Tous ces fuperbes baftimens
Ne font qu'autant de monumens
Où leur gloire eft enfevelie.

Ces Heros jadis venerables
Par les âges nous font ravis,
Les Dieux mefmes qu'ils ont fervis
N'ont plus de nom que dans nos fables,
Ny leurs temples, ny leurs autels
N'eftoient point honneurs immortels,
Le temps a brifé leurs images ;
Quoy qu'efpere la vanité,
Il n'eft point d'autre éternité
Que de vivre dans tes ouvrages.

Par eux feuls la rigueur des Parques
Se rend fenfible à la pitié,
Par eux feuls de noftre amitié
Se gravent à jamais les marques ;
Et dans les fiecles à venir
Où la mort mefme doit finir,
Noftre memoire reverée,
Par tout où le Soleil luira
A l'Univers efgalera
Son eftenduë & fa durée.

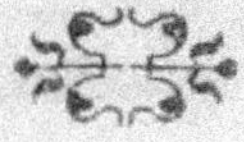

P.

ODE.

INGRATE cauſe de mes larmes ;
Je vais chercher dans les alarmes
Le trépas , & la liberté ,
C'eſt le conſeil que je dois ſuivre ,
Puiſqu'en ſervant voſtre beauté ,
Je ne puis ny mourir ny vivre.

Mon Roy voit ſes villes deſertes ,
Ses plaines d'eſcadrons couvertes ,
La violence a tout permis ,
On ne voit que fer & que flâme ,
Et s'il n'a point tant d'ennemis
Comme j'en porte dans mon ame.

Mais que mon eſperance eſt vaine ,
De chercher la fin de ma peine
Par des moyens deſeſperez ,
Vous tenez ma vie enchaiſnée ,
Et vous ſeul deliberez
Aprés Dieu de ma deſtinée.

Dans la preſſe de ſes armées ,
D'injuſte colere animées
Si je vais la mort invoquer ,
Quiconque verra mon teint bleſme
Aura crainte de m'attaquer ,
Et me prendra pour la mort meſme.

Parmy les hazards de la guerre ,

Où Mars du bruit de son tonnerre
Estonne la terre & les cieux,
Qu'est-ce qui peut m'oster la vie,
Puis qu'avec les traits de vos yeux,
Amour ne me l'a point ravie ?

Non, non, il faut que je languisse,
Et qu'en l'excez de mon supplice
Je montre ma fidelité,
Ou que la raison m'en délivre,
Puis qu'en servant vostre beauté,
Je ne puis ny mourir ny vivre.

ODE.

BIEN que je brusle incessamment
D'une ardeur qui ne peut s'éteindre,
Et que je meure sans me plaindre,
N'en ayez point d'estonnement,
Cloris, vos beautez perdurables
Ont tant de graces adorables,
Et moy du merite si peu,
Que ce penser m'oste l'audace.
Quand l'amour me rend tout de feu,
Le respect me rend tout de glace.

Ce cruel tyran de mes jours
Tient ma voix tellement captive,
Qu'au fort de ma peine excessive
Je ne puis demander secours,
Aussi je n'ay plus d'esperance
Que jamais ma perseverance
Rende mon tourment limité ;

P ij

Nulle raiſon ne me conſole ,
Mon mal eſt à l'extremité ,
Puiſque j'ay perdu la parole.

Tous les cœurs vous ſont des autels ;
Chacun vous rend obeiſſance ,
Vous avez la meſme puiſſance
Qu'ont icy bas les immortels ;
Lors que devant vous je ſoupire ,
Qu'eſt-il donc beſoin de vous dire
De combien de ſoins ennuyeux
Mes paſſions ſont traverſées ;
Puiſque vous reſſemblez aux Dieux ,
Vous ſçavez toutes mes penſées.

Mon teint dont la vive couleur
Devient melancolique & bleſme ,
Et mes ſens tous hors de moy-meſme
Témoignent aſſez ma douleur ,
Ces deſerts où je me retire
Plaignent l'excez de mon martyre ,
Les rochers pour le pleurer mieux
Ont fait de nouvelles fontaines ,
Et ſi l'Amour avoit des yeux ,
Il auroit pitié de mes peines.

Ces bois ſi doux à mes ennuis ,
Ces valons amis du ſilence ,
Sçavent de quelle violence
Je me plains les jours & les nuits
Si-toſt que je ſuis ſolitaire
Ma paſſion ne ſe peut taire ;
Mais les liens me ſont ſi chers ,
Qui tiennent mon ame aſſervie ,
Que je n'en parle qu'aux rochers ,
Depeur que l'on me porte envie.

Toutefois la discretion
Ne peut si bien celer ma flâme,
Que chacun ne lise en mon ame
Ma violente affection.
Et si bien-tost le long usage
Ne vous fait voir dans mon visage
Comme je meurs pour les appas
Dont les graces vous ont pourveuë,
Je croiray que vous n'avez pas
Encore recouvré la veuë.

O D E.

QUAND la nuit finissant nos veilles,
Ferme les yeux & les oreilles
Du vulgaire indiscret :
Daphnis en tous endroits où sa rage le porte,
Accablé sous le faix de son ennuy secret,
Au Ciel qui ne l'oit pas, se plaint en cette sorte :

Injuste & cruelle puissance,
Qui ravissez dés leur naissance
Tous mes contentemens,
Astres qui presidez dessus mes destinées,
A combien de malheurs, de pleurs, & de tourmens,
Avez-vous asservy le cours de mes années ?

Je pensois, quoy que je fis, l'envie,
Que jamais ces Roys de ma vie
Ne me seroient ostez,
Et l'Amour me donnoit assez de témoignages
Qu'auprés de ces flambeaux si remplis de clartez,
Mes jours à l'avenir n'auroient plus de nuages.

Toutefois une mesme Lune
A veu de ma bonne fortune
Le flus & le reflus ,
L'absence m'a ravy cet objet adorable ,
Et dans ces tristes lieux il ne me reste plus
D'un bien si-tost passé qu'un regret perdurable

Elle s'en va cette inhumaine
Sans avoir pitié de la peine ,
Dont j'ay le cœur atteint ,
Et sans vouloir attendre un temps plus agreable ,
Elle met en Hyver les roses de son teint
A la mercy du froid aux fleurs impitoyable.

De crainte qu'en cette contrée
Elle ne sût idolatrée ,
Vous l'ostez de nos yeux ,
Vous voulez moderer nostre ardeur insensée ,
Vous voulez qu'on la serve ainsi qu'on sert les Dieux ,
Et qu'on ne puisse plus l'adorer qu'en pensée.

Quand il faudroit sans esperance
Languir en ma perseverance ,
A tout je me soumets ,
Je souffre constamment l'ennuy qu'elle me donne ,
Au fort de mes travaux je n'invoque jamais
Que l'Amour & la mort , qui n'exauce personne.

ODE.

VOUS qui riez de mes douleurs ,
Beaux yeux qui voulez que mes pleurs
Ne finissent qu'avec ma vie ,
Voyez l'excez de mon tourment

Depuis que cet éloignement
M'a voftre prefence ravie.

Pour combler mon adverfité
De tout ce que la pauvreté
A de rude & d'infuportable,
Je fuis dans un logis defert,
Où par tout le plancher y fert
De lit, de bufet, & de table.

Noftre hofte avec fes ferviteurs
Nous croyant des reformateurs
S'enfuit au travers de la crote,
Emportant ployé fous fes bras
Son pot, fon chaudron, & fes dras;
Et fes enfans dans une hote.

Ainfi plus niais qu'un oifon,
Je me vois dans une maifon,
Sans y voir ny valet ny maiftre,
Et ce fpectacle de malheurs,
Pour faire la nique aux voleurs,
N'a plus ny porte ny feneftre.

Dautant que l'orage eft fi fort;
Qu'on voit les navires du port
Sauter comme un chat que l'on berne;
Pour fauver la lampe du vent,
Mon valet a fait en refvant
D'un couvre-chef une lanterne.

Aprés maint tour & maint retour;
Noftre hofte s'en revint tout cour
En mauvais efquipage,
Le poil craffeux & mal peigné

Et le front aussi renfrogné
Qu'un Escuyer qui tanse un page.

Quand ce vieillard déja cassé ,
D'un compliment du temps passé
A nous bien peigner s'évertuë ,
Il me semble que son nez tors
Se ploye , & s'alonge à ressors ,
Comme le col d'une tortuë.

Force vieux soldats affamez ,
Mal habillez & mal armez
Sont icy couchez sur du chaume ,
Qui racontent les grands exploits
Qu'ils ont faits depuis peu de mois
Avecque Monsieur de Bapaume.

Ainsi nous nous entretenons
Sur le cul comme des guenons ,
Pour soulager nostre misere :
Chacun y parle en liberté ,
L'un de la prise de Paté ,
L'autre du siege de Fougere.

Nostre hoste qui n'a rien gardé ,
Voyant nostre souper fondé
Sur d'assez foibles esperances ,
Sans autrement se tourmenter,
Est resolu de nous traiter
D'excuses & de reverences.

Et moy que le sort a reduit
A passer une longue nuit
Au milieu de cette canaille ,
Regardant le Ciel de travers ,

J'écris mon infortune en vers,
D'un tison contre une muraille.

O beau Soleil, le seul flambeau
Qui conduit mes jours au tombeau ;
Quand vous sçaurez ce qui se passe,
Je vous asseure sur ma foy,
Si vous n'avez pitié de moy,
Que je n'espere plus de grace.

ODE.

IL me faut desormais d'une juste contrainte
      Mettre fin à ma plainte,
Et souffrir pour Cloris ce que le Ciel voudra ;
Aussi la prison où je languis pour elle
      Est si douce & si belle,
Que quand je me plaindray, pas un ne me plaindra.

Chacun de ses cheveux tient une ame enchaisnée :
      Comme la destinée
Elle fait les mortels heureux & malheureux ,
Et les traits de ses yeux plus puissans que le foudre
      Mettroient le monde en poudre ,
S'il meritoit l'honneur d'estre bruslé par eux.

Je ne m'estonne point que ce tyran des ames,
      Armé de tant de flames,
Fasse contre son sein d'inutiles efforts ;
En tout temps les hyvers, ainsi que dans la Thrace
      En occupe la place ,
La glace est au dedans, & la neige au dehors.

Cette ingrate Cloris est si pleine de charmes,
Que les cœurs n'ont point d'armes
Où les traits de ses yeux ne puissent penetrer,
Et les dieux n'ont jamais, quoyque le monde crie,
Banny l'idolatrie,
Qu'afin de la pouvoir tous seuls idolatrer.

Henry de qui le nom fut plus grand que la terre,
Et de qui le tonnerre
A fait taire les vents de nos seditions,
S'estimoit honoré d'une gloire plus belle,
D'estre vaincu par elle,
Que d'estre le vainqueur de tant de Nations.

Au moins si sa rigueur rend ma playe incurable,
Ma mort est honorable,
Puisque je suis blessé par de si belles mains,
Et j'ay ce reconfort en souffrant tant de peines,
D'avoir porté les chaisnes
Qui souloient enchaisner le premier des humains.

En l'excessive ardeur de ma perseverance,
D'une belle esperance
L'Amour essaye en vain de consoler mes pleurs:
Mais ne sçait-on pas bien qu'il a cette coustume
De sucrer l'amertume,
Et que tous ses filets sont tendus sous des fleurs?

Celuy qui sur les eaux va tenter la fortune,
Le calme de Neptune
L'asseure pour un temps de l'injure du sort;
Mais à la fin les flots en escumant leur rage
S'enflent d'un tel orage,
Qu'ils luy font regretter les delices du port.

Ainſi ce Dieu qui porte une éternelle envie
A l'heur de noſtre vie,
Traverſe à tous les coups l'eſpoir des plus contens,
Sa bonace infidelle abuſe tout le monde ,
Et ſouvent dans ſon onde
Les jours les plus ſereins ſont les plus inconſtans.

Je ſçay combien d'orage , & combien de tempeſte
Sa cruauté m'apreſte :
Et combien mon deſſein ſera laborieux ;
Mais aux braves efforts d'un courage invincible
Il n'eſt rien d'impoſſible ,
Les penibles conſeils ſont les plus glorieux.

***

ODE.

DEPITE' contre amour mon cœur s'eſtoit
promis
Que jamais le tyran ne le verroit ſoumis
Aux loix d'une Maiſtreſſe ;
Mais , ô ſage raiſon qui fais tout pour le mieux ,
L'on n'eſt point obligé de tenir la promeſſe
Qu'on fait contre les dieux.

Les beaux yeux d'Artenice auſſi fiers que puiſſans
Ont malgré tes efforts rendu mes propres ſens
Ennemis de ma vie :
Et me donnent la mort par un ſi doux poiſon ,
Que ſi je perds l'eſpoir , je perds auſſi l'envie
De voir ma gueriſon.

Pour elle j'ay déja tant combatu le Sort ,
Que la fin de mes jours eſt le ſeul reconfort

Où mon espoir se fonde ;
Mais que sert de conter les maux que j'ay soufferts,
Puis qu'au lieu d'estre plaint, je vois que tout le
    monde
      Porte envie à mes fers ?

Son teint a des appas qui n'ont rien d'emprunté,
Ses yeux ont des rayons dont la vive clarté
      Toute clarté surmonte,
Et depuis que la terre a produit ces flambeaux,
Le Soleil n'ose plus, de peur de voir sa honte,
      Se mirer dans les eaux.

Aprés mes longs travaux, aprés tant de tourmens,
Que feray-je, raison, si d'aucun sentiment
      La pitié ne la touche ?
Tous ses charmes sont pleins de chaisnes & de
    traits,
Et mesme les refus d'une si belle bouche
      Ne sont point sans attraits.

Quand tu vois dans ses yeux ce Monarque
    des cœurs,
Toy mesme tu me dis qu'à de plus doux vainqueurs
      Je ne pouvois me rendre :
Tu brave ce tyran quand tu ne le voy pas,
Mais si-tost qu'il paroist, au lieu de me deffendre,
      Tu mets les armes bas.

Reconnois ta foiblesse & cede à la beauté,
Dont la douce rigueur me retient arresté
      D'une chaisne éternelle :
Tu t'oppose en vain aux volontez du sort,
Puisque tu n'y peux rien, je dois attendre d'elle
      Ou ma vie ou ma mort.

ODE.

PHILIS, vous avez beau jurer,
Quand vous proteſtez d'ignorer
Le deſir dont amour nous touche,
Les yeux que vous avez ſi doux,
Démentant voſtre belle bouche,
Seront plus croyables que vous.

Vous ſentez tout ce que je ſens,
Vos diſcours les plus innocens
Sont pleins de ruſe & d'artifices :
Je ne croy plus à voſtre foy,
Je connois trop voſtre malice,
Vous n'eſtes enfant que pour moy.

Ce tiran ſi craint dans les Cieux,
Ce petit Dieu qui dans vos yeux
Fait tous les jours ſa reſidence,
Quand meſme il y tend ſes apas,
Vous jurez avec impudence
Que vous ne le connoiſſez pas.

Pour en parler ſans paſſion
Vous ne ſçauriez faire action
D'une ingratitude plus noire,
Que lors que vous nous teſmoignez
D'ignorer le nom & la gloire
De celuy par qui vous regnez.

Mettez-vous en voſtre devoir,
N'attendez pas que ſon pouvoir

Vous contraigne à le reconnoistre :
Et n'estimez point odieux
D'estre sous l'Empire d'un maistre
Qui nous rend compagnons des dieux.

CONTRE UN VIEILLARD jaloux.

STANCE.

VIEUX corps tout épuisé de sang & de
    moüelle ,
    D'où l'ame se départ :
Joüirez-vous toûjours d'une chose si belle
    Sans nous en faire part ?

Ces beaux yeux hors d'espoir d'échaufer par
    leurs charmes
    Vostre froide amitié ,
Méprisant leurs attraits ont leur recours aux
    larmes
    Pour vous faire pitié.

Ainsi l'on voit l'Aurore en sortant de sa couche,
    Soûpirer & gemir ,
Quand son vieil impuissant aussi mort qu'une
    souche
    N'a rien fait que dormir.

Nostre goust suit nos ans , la vieillesse desire
    Un bon vin savoureux ;
Au lieu que la Jeunesse incessamment soûpire
    Les plaisirs amoureux.

L'amour encore enfant cherit cette verdure,
  Et ces fleurs du printemps,
Fuyant ces vieux rochers, où l'on voit la froi-
    dure
  Demeurer en tout temps.

Puis donc que desormais vos vieux membres
    de glace
  Ne luy sont qu'ennuyeux ;
Ne luy défendez point de mettre en vostre place
  Quelqu'un qui fasse mieux.

Laissez en liberté cette beauté celeste,
  N'en soyez point jaloux ;
Quand j'en prendray ma part, vous en aurez de
    reste
  Plus qu'il n'en faut pour vous.

A DES FONTAINES,

pour une absence.

STANCE.

POUR la derniere fois
  Nymphes de ces Fontaines ,
Oyez ma triste voix ,
Prenez part à mes peines ;
Celle qui nous rendoit ce rivage si doux
A jamais s'éloigne de nous.

  Si quelque sentiment
Touche vostre pensée ,
De voir en un moment

Tant de gloire effacée,
Arracher de vos bords la verdure & les fleurs;
Et joignez vos pleurs à mes pleurs.

Quand la difcretion
Qui m'impofe filence,
De mon affliction
Retient la violence,
Au fort de mes douleurs, je me cache de tous;
Et me viens ici plaindre à vous.

Tout eft rempli d'ennui,
De pleurs, d'inquietude,
Paris mefme aujourd'hui
N'eft qu'une folitude;
Et l'on eft maintenant en ce trifte féjour;
A la Cour fans eftre à la Cour.

Tous ces grands Bâtimens,
Dont les riches ouvrages
Ont de tant d'ornemens
Embelly nos rivages,
Ces lieux où ce bel aftre épandoit fa clarté,
Ne font plus ce qu'ils ont été.

Ces prez délicieux
Quittans leur robes vertes,
Paroiffent à nos yeux
Des campagnes defertes;
Ces champs font dépoüillez de fleurs, & de
moiffons,
Et toûjours couverts de glaçons.

Ne penfez pas qu'un jour
Aprés cette froidure,

Le printemps de retour ,
Leur rende la verdure ;
L'aftre qui ramenoit cette belle faifon
Ne luit plus fur noftre horifon.

   Voila comme Daphnis
Contoit fur cette rive
Les tourmens infinis
D'une amour exceffive ;
Mais il ne les contoit qu'en ces lieux écartez
De peur qu'ils fuffent écoutez.

   Un feu fi vehement
Avoit épris fon ame ,
Que de l'embrafement
Qui provint de fa flâme ,
Comme dans le Scamandre on vit dans ces
     ruiffeaux
Flamber les joncs & les rofeaux.

STANCE.

CETTE ingrate beauté
A mis fin à fa cruauté ;
  Ses yeux dont la flâme
  Eclairoit mon ame
Ont reconnu ma foy ,
Et ne luifent plus que pour moy.

   Mon fervice & le temps
Ont rendu mes defirs contens ,
  Les Dieux font propices
  A mes facrifices ,

Q

Puisque mon amitié
La rend sensible à la pitié.

Les ris suivent les pleurs ;
Des épines viennent les fleurs ,
Mes peines passées
Sont recompensées ,
Et l'excés des plaisirs
M'oste l'usage des desirs.

POUR UN AMERIQUAIN

dansant à un Ballet.

STANCE.

DE ces riches climats les derniers découverts,
De ces fertiles champs qui n'ont jamais d'hi-
vers
Je me suis venu rendre aux prisons de Cloride ,
J'ay par terre & par mer voyagé nuit & jour ,
Et n'ay voulu qu'Amour ,
Tout aveugle qu'il est , pour pilote & pour guide.

L'on ne peut ignorer quels étoient les plaisirs
Dont ces lieux innocens contentoient mes desirs :
Nos terres ny nos mœurs ne sont plus inconnuës ;
C'est-là qu'on trouve aux cœurs de la fidelité ,
Et que la liberté
Fait voir comme les corps les ames toutes nuës.

Nous trouvons dans nos champs au milieu
des cailloux

Ces superbes tresors dont les hommes jaloux
Courent par tant de mers en faire la conquête ;
Et joignant la richesse avecque les appas,
    Nous foulons sous nos pas
Les joyaux dont nos Rois se couronnent la tête.

C'est la seule Contrée où le siecle doré,
Malgré l'ire des Dieux est toûjours demeuré ;
C'est-là que des plaisirs la contrainte est bannie :
C'est-là qu'on voit l'honneur, la honte, & le de-
    voir ,
    Sans nom & sans pouvoir,
Et l'amour absolu regner sans tyrannie.

Toutefois ces attraits ne sçûrent m'arrester,
Depuis le premier jour que j'entendis vanter
L'astre dont la clarté n'eut jamais de seconde,
Et de qui l'on verra les rayons glorieux,
    Faire le tour des Cieux,
Comme sa renommée a fait le tour du monde.

Je sçay que je pouvois avecque peu d'efforts
Etablir mon empire au-delà de ces bords,
Où le fameux Alcide éleva ses Colonnes ;
Mais l'espoir de servir cette Divinité
    Fut une vanité
Qui me fit preferer les chaisnes aux couronnes.

Ses attraits sont si pleins d'aimables qualitez,
Que lors qu'on la compare aux plus rares beautez,
Dont les siecles passez ont laissé la peinture,
Ne confesse-t-on pas, exempt de passion,
    Que la perfection
N'étoit point devant elle au pouvoir de Nature ?

L'aise que j'en reçois n'a rien à desirer ;

Sinon que sa rigueur me défend d'esperer
De pouvoir par mes pleurs amollir son courage;
Et suis à la mercy d'un si fragile sort,
    Que pensant estre au port,
C'est lorsque je me voy le plus prés du naufrage.

LE ROY DE PERSE

aux Dames, pour un Ballet.

STANCE.

BEAUTE' pleine d'appas
Qui conduisez mes pas,
Si jadis au Soleil je faisois sacrifice,
    Lorsque le Ciel a voulu m'inspirer
    J'ay connu qu'Artenice
Etoit le vray Soleil qu'on devoit adorer.

    Du bout de l'Univers
    Par des climats divers,
Je viens payer mes vœux à sa vivante image;
    Et sur l'autel de sa Divinité
    A qui je rends hommage,
Faire offre de mon sceptre & de ma liberté.

    Le nom de mes ayeux
    Est monté jusqu'aux Cieux,
Les bornes de la terre ont borné leur fortune;
    Et leur orgueil dessus mille vaisseaux,
    Plus enflé que Neptune
A jadis chastié l'insolence des eaux.

Mais si par mon bon-heur,
Jamais j'ay cet honneur
Que de sa cruauté j'obtienne la victoire,
Et mets à fin ce que je me promets ;
J'acquerrai plus de gloire,
Que mes predecesseurs n'en acquirent jamais.

Ses aimables attraits,
Inévitables traits,
Sçavent dompter les cœurs en amour invincibles :
Mesme les eaux, les rochers & les bois
Cessent d'estre insensibles,
Et se laissent traisner aux charmes de sa voix.

Tout ce que les esprits
Ont de rare & de prix,
Sont de ce bel esprit les graces ordinaires,
Et de son luth les charmes decevans ;
Font par effets contraires,
Ressusciter les morts & mourir les vivans.

Bien que mon jugement
M'apprenne sagement
Combien en cet amour mon entreprise est haute ;
Nulle raison ne m'en peut divertir ;
D'une si belle faute
C'est faillir doublement que de s'en repentir.

L'Air, la Terre & les Cieux
Sont bruslez par ses yeux ;
La ruïne du monde est toute manifeste ;
Si je me perds en vivant sous sa loy,
Ce reconfort me reste
Que je vois l'Univers se perdre avecque moy.

STANCE.

TYRANNIQUE devoir qu'on ne peut éviter,
    M'as-tu donc fait quitter
Celle pour qui mon cœur inceſſamment ſouſpire,
Et faut-il que toûjours avec tant de rigueurs
    Tu poſſedes l'empire
Que noſtre vanité t'a donné ſur les cœurs ?

    Les ennuis que je ſens me ſont ſi douloureux
    Que les plus malheureux,
Quelque juſte douleur dont leur ame ſoit pleine,
S'ils ont du ſentiment d'une vraye amitié
    Au recit de ma peine
Verront leur deſeſpoir ſe changer en pitié.

    Le ſeul bien dont Amour allege mon tourment,
    Eſt qu'il m'offre en dormant
L'Ange dont le Ciel meſme adore le merite :
Ainſi quand le jour donne aux autres ſa clarté,
    C'eſt lors qu'elle me quitte,
Et ne voy le Soleil que dans l'obſcurité.

    Quand je luy dis Adieu, mon ame s'envola
    Du coſté qu'elle alla,
Elle adore par tout, & ſuit par tout ſa flâme ;
Qu'on ne s'eſtonne point de ſçavoir que je vy
    Separé de mon ame,
Amour depuis ce temps m'en a toûjours ſervy.

    Je connois que ma vie eſt ſi prés du treſpas

Que je n'espere pas
De jamais plus revoir ses beautez adorables ;
O Dieux dont les Amants implorent le secours,
Soyez-moy favorables,
Avancez son retour, ou prolongez mes jours.

Et toy dont la colere est l'effroy des vaisseaux,
Ne charge point tes eaux
De cet astre divin dont mon cœur est esclave,
Et ne profane point ces barbares lieux,
Que la Tamise lave
Un Soleil qui n'est fait que pour luire à mes yeux.

Si l'amour du pais que tu tiens embrassé
Est ce qui t'a poussé
A faire à nos despens luire son diadesme,
Portez luy la richesse & l'orgueil de Paris,
Portez luy Paris mesme,
Portez luy tout le monde & me laissez Doris.

STANCE.

QUEL Dieu cruel tient mon sort en sa main,
Qui me fait estre à moy-mesme inhumain !
Quelle manie à present me possede !
Plus mon ingrate a pour moy de rigueur,
Plus je l'adore, & plus je sens mon cœur
Aimer le mal, & hair le remede.

Mon soin n'est plus d'estre mis dans les Cieux
Au mesme rang de ces grands demy-Dieux,
Dont les vertus nous servent de modelle,
Je me plais tant à ma captivité,

Que si j'aspire à l'immortalité ,
C'est seulement pour la rendre immortelle.

Bien que mes cris soient par-tout entendus ,
Bien que mes pleurs soient par-tout espendus ,
Bien que ma vie esteigne sa lumiere ,
Si je vous prie , ô Destins tout-puissans ,
De me guerir des ennuis que je sens ,
Gardez - vous bien d'exaucer ma priere.

Quoy que chacun me puisse figurer ,
Il n'est point d'heur plus grand que d'adorer
Une beauté si digne de louanges.
Je vis au Ciel sans bouger d'icy bas ,
Et pense voir en voyant ses apas
Tous les apas que possedent les Anges.

Ce grand Thebain que rien ne peut domter ,
Qui comme moy fut fils de Jupiter
Et dont la gloire en toute part est sçeuë ,
Dans la prison d'une moindre beauté
N'a point rougi d'avoir à son costé
Une quenoüille au lieu de sa massuë.

STANCE.

QUE mon sort est ambitieux
De vouloir terminer ma vie ,
De la plus belle fin & plus digne d'envie
Dont jamais un mortel soit monté dans les Cieux !

Celle à qui j'ay donné ma foy
Force tout à luy rendre hommage ,

Si c'est

Si c'est idolatrer d'adorer son image,
Le Ciel est idolatre aussi bien comme moy.

    Aux piés de sa divinité
    Toutes offrandes sont petites,
Et faut que l'on confesse en voyant ses merites,
Que rien n'est digne d'eux que ma fidelité.

    Aussi j'ay l'esprit si content
    De la gloire qui m'est offerte,
Que si quelqu'un vouloit s'opposer à ma perte,
Je le croirois jaloux de l'honneur qui m'attend.

    Cherche qui voudra le trespas
    Dans une meslée homicide,
Où l'heur d'estre blessé d'un Mars ou d'un Alcide,
Fait que mesme en la mort on trouve des appas.

    Puis-je en la guerre ou dans la Cour
    Faire une fin si glorieuse,
Je meurs par une main la plus victorieuse
Qui jamais tint le Sceptre en l'empire d'Amour.

STANCE.

THIRSIS, il faut penser à la retraite,
  La course de nos jours est plus qu'à demi faite
L'âge insensiblement nous conduit à la mort,
Nous avons assez veu sur la mer de ce monde
Errer au gré des flots nostre nef vagabonde,
Il est temps de joüir des delices du port.

Le bien de la fortune est un bien perissable,
Quand on bastit sur elle on bastit sur le sable,
Plus on est eslevé, plus on court de dangers,
Les grands Pins sont en bute aux coups de la tem-
    peste,

R

Et la rage des vents brise plûtost le faiste
Des maisons de nos Roys, que des toits des Bergers.

O bien-heureux celuy qui peut de sa memoire
Effacer pour jamais ce vain espoir de gloire,
Dont l'inutile soin traverse nos plaisirs,
Et qui loin retiré de la foule importune,
Vivant dans sa maison content de sa fortune,
A selon son pouvoir mesuré ses desirs.

Il laboure sur le champ que labouroit son pere,
Il ne s'informe point de ce qu'on delibere
Dans ces graves conseils d'affaires accablez,
Il voit sans interest la mer grosse d'orages,
Et n'observe des vents les sinistres presages
Que pour le soin qu'il a du salut de ses bleds.

Roy de ses passions il a ce qu'il desire,
Son fertile domaine est son petit empire,
Sa cabane est son Louvre, & son Fontainebleau,
Ses champs & ses jardins sont autant de Pro-
          vinces,
Et sans porter envie à la pompe des Princes,
Se contente chez luy de les voir en tableau.

Il voit de toutes parts combler d'heur sa fa-
          mille,
La javelle à plein poing tomber sous la faucille,
Le vendangeur ployer sous le faix des paniers,
Et semble qu'à l'envy les fertiles montagnes,
Les humides vallons, & les grasses campagnes
S'efforcent à remplir sa cave & ses greniers.

Il suit aucunesfois un cerf par les foulées
Dans ces vieilles forests du peuple reculées,

Et qui mefme du jour ignorent le flambeau :
Aucunesfois des chiens il fuit les voix confufes,
Et voit enfin le lievre aprés toutes fes rufes,
Du lieu de fa naiffance en faire fon tombeau.

Tantoft il fe promene au long de fes fontaines,
De qui les petits flots font luire dans les plaines
L'argent de leurs ruiffeaux parmy l'or des moiffons,
Tantoft il fe repofe avecque les Bergeres
Sur des lits naturels de mouffe & de fougeres,
Qui n'ont autres rideaux que l'ombre des buiffons.

Il fouspire en repos l'ennuy de fa vieilleffe
Dans ce mefme foyer où fa tendre jeuneffe
A veu dans le berceau fes bras emmaillottez,
Il tient par les moiffons regiftre des années,
Et voit de temps en temps leurs courfes enchaifnées
Vieillir avecque luy les bois qu'il a plantez.

Il ne va point foüiller aux terres inconnuës
A la mercy des vents & des ondes chenuës,
Ce que nature avare a caché de trefors,
Et ne recherche point pour honorer fa vie,
De plus illuftre mort ny plus digne d'envie,
Que de mourir au lit où fes peres font morts.

Il contemple du port les infolentes rages
Des vents de la faveur auteurs de nos orages,
Allumer des mutins les deffeins factieux :
Et voit en un clin d'œil par un contraire efchange,
L'un defchiré du peuple au milieu de la fange,
Et l'autre à mefme temps eflevé dans les Cieux.

S'il ne poffede point ces maifons magnifiques,
Ces tours, ces chapiteaux, ces fuperbes portiques

R ij

Où la magnificence estale ses attraits :
Il jouit des beautez qu'ont les saisons nouvelles,
Il voit de la verdure & des fleurs naturelles,
Qu'en ces riches lambris l'on ne voit qu'en por-
    traits.

Croy-moy, retirons-nous hors de la multitude,
Et vivons desormais loin de la servitude
De ces Palais dorez où tont le monde accourt,
Sous un chesne eslevé les arbrisseaux s'ennuyent,
Et devant le Soleil tous les Astres s'enfuyent,
De peur d'estre obligez de luy faire la court.

Aprés qu'on a suivy sans aucune asseurance
Cette vaine faveur qui nous paist d'esperance,
L'envie en un moment tous nos desseins destruit,
Ce n'est qu'une fumée, il n'est rien de si fresle,
Sa plus belle maison est sujette à la gresle,
Et souvent elle n'a que des fleurs pour du fruit.

Agreables deserts, sejour de l'innocence,
Où loin des vanitez, de la magnificence,
Commence mon repos & finit mon tourment,
Valons, fleuves, rochers, plaisante solitude,
Si vous fustes tesmoins de mon inquietude,
Soyez-le desormais de mon contentement.

CONSOLATION

A Monseigneur de Bellegarde sur la mort de Mr de Termes son frere.

C'EST à ce coup, Roger, que la rage du sort
A contre ta vertu fait son dernier effort,
Ennuyé de souffrir sa longue resistance :
Chacun avecque doute attend l'évenement
D'un combat où l'on voit une extréme constance,
S'opposer aux assauts d'un extréme tourment.

L'on pardonne les pleurs aux personnes com-
         munes,
Mais non pas aux esprits qui dans les infortunes
Ont si visiblement leur courage éprouvé :
Modere donc l'ennui dont ton ame est touchée,
Et ne regrette point que ton frere ait trouvé
La mort que ta valeur a tant de fois cherchée.

Sa gloire étoit le but de son ambition,
L'amour de la vertu, la seule passion
Dont il étoit épris, soit en paix soit en guerre :
Et sortant comme toy de la tige des Dieux,
Cependant que le sort l'arrestoit sur la terre,
Tous ses vœux ne tendoient qu'à retourner aux
         Cieux.

Desormais ce guerrier est, selon son envie,
Parvenu par sa mort à la celeste vie,

Aprés s'eftre affouvi des appas de l'honneur,
Les Dieux l'ont retiré des mortelles allarmes,
Et fi rien à prefent peut troubler fon bonheur,
C'eft de te voir pour lui répandre tant de larmes.

Il voit ce que l'Olimpe a de plus merveilleux,
Il y voit à fes pieds ces flambeaux orgueilleux,
Qui tournent à leur gré la fortune & fa roüe;
Et voit comme fourmis marcher nos legions,
Dont ce petit amas de pouffiere & de boüe,
Dans nôtre vanité fait tant de regions.

Quelle magnificence aux hommes inconnuë
A témoigné là haut l'aife de fa venuë!
Que de feux éternels naiffoient deffous fes pas!
Qu'il augmenta du Ciel fa clarté coûtumiere,
Et que ce grand flambeau qu'on admire ici-bas,
Auprés de ce bel aftre avoit peu de lumiere!

Parmy tant de beautez qui luifoient en tous
lieux,
A peine fon efprit daignoit baiffer les yeux
Pour voir deffous fes pieds ce que la terre adore;
Tous les Dieux à l'envy luy verfoient du nectar,
Sinon Bellone & Mars qui pourfuivoient encore
Les auteurs de fa mort fur les rives du Tar.

Mais puifque fes travaux ont trouvé leur azile,
Oublie en fa faveur cette plainte inutile,
Dont l'injufte longueur traverfe tes plaifirs:
Crois-tu que joüiffant d'une pãix fi profonde,
Il voulût à prefent que felon tes defirs
Le Ciel le renvoyaft aux miferes du monde?

Le bonheur d'ici-bas fe paffe en un moment,

Le fort, Roy de nos ans , y regne abfolument ,
Par luy ce grand Cefar n'eft plus rien que fu-
     mée.
Puis qu'en ce changement tu ceffes de le voir ,
Au lieu de fa dépoüille aime fa renommée ;
C'eft fur quoy le deftin n'aura point de pouvoir.

A MONSIEUR DARMILLY

Gentilhomme de Touraine fous le nom de Damer.

SONNET.

NE t'étonne, Damer, de voir la confcience ,
L'honneur qu'on doit aux loix , la foy ni la
     raifon ,
Non plus que des habits qui font hors de faifon ,
N'eftre point approuvez parmi la bien-féance.

Ne t'étonne de voir méprifer la fcience ,
L'impieté par tout épandre fon poifon ;
Et l'Etat depité contre fa guerifon ,
Courir à fa ruine avec impatience.

Ne t'étonne de voir le vice reveftu
Des mefmes ornemens qui parent la vertu ,
La Richeffe fans choix injuftement éparfe.

Si le monde fut pris des plus judicieux
Pour une Comedie au temps de nos ayeux ,
Peut-eftre qu'à prefent l'on veut joüer la farce.

CELUY de qui la cendre est dessous cette
    pierre,
Avecque peu de bien, acquit beaucoup d'hon-
    neur,
Fut grand par sa vertu plus que par son bonheur,
Aimé durant la paix, & craint durant la guerre.

    Quand les Rois ont détruit avecque leur ton-
    nerre
Le pouvoir des Titans qui s'égaloit au leur,
Aux Campagnes de Mars on a veu sa valeur
Peupler les Monumens & deserter la terre.

    Aprés tant de travaux & de faits genereux,
Son esprit est au Ciel parmy les bien-heureux,
Et ne peut desormais ny desirer ny craindre.

    Passant, qui dans la France as son nom entendu,
En voyant son tombeau garde-toi de le plaindre,
Plains plutost le malheur de ceux qui l'ont perdu.

** M. de Racan fit ces Vers pour servir d'Epitaphe à
son pere, qui comme on l'a dit, étoit Chevalier des Ordres du Roy, & Maréchal de Camp ordinaire dans les
Armées de Sa Majesté.*

SUR LA MALADIE
de sa Maîtresse.

SONNET.

LA fiévre de Philis tous les jours renouvelle,
Et l'on voit clairement que cette cruauté
Ne peut venir d'ailleurs que du Ciel irrité,
Que la terre possède une chose si belle.

Son visage n'a plus sa couleur naturelle,
Il n'a plus ces attraits ny cette majesté,
Qui regnoit tellement sur nostre liberté,
Qu'il sembloit que les cœurs n'étoient faits que
    pour elle.

Faut-il que cette ardeur consume nuit & jour
Celle qui d'autre feu que de celuy d'amour
Ne devoit point souffrir l'injuste violence?

O Dieux! de qui le soin fait tout pour nostre
    bien,
Si mon affliction touche vostre clemence,
Ou donnez-lui mon mal, ou donnez-moy le sien.

AUTRE.

UN tel excez d'ennuis accable mon courage,
Qu'il n'est point de raison pour mon sou-
lagement
Quand je vois qu'Amaranthe endure incessam-
ment
Tout ce que la douleur a de pointe & de rage.

Ses Roses, & ses Lys, où mes vœux font hom-
mage,
Paroissent dans sont teint affligé de tourment,
Comme on voit en hyver reluire tristement
Les feux du point du jour au travers d'un nuage.

Dieux ! qu'avoit-elle fait pour souffrir la ri-
gueur
De ce mal violent dont l'extrême longueur
Ravit à mes desirs tout espoir d'allegeance ?

O Juge souverain qui presidez sur nous,
Si de sa cruauté j'ay demandé vangeance,
Pourquoy m'exauciez-vous ?

SONNET.

QUE tout cede au pouvoir de celle que j'adore,
Du seul feu de ses yeux le monde est animé,
Il fait naistre les fleurs dont l'air est parfumé,
Et meurit les moissons dont la terre se dore.

Dans ces tourmens paſſez dont je me plains encore
Jamais de tant d'ardeurs je ne fus conſumé ,
Et toutes ces beautez de qui j'eſtois charmé
A ce nouveau Soleil ne ſervoient que d'Aurore.

Vous qui fuſtes jadis mon aimable ſoucy ,
Ne vous offenſez point , lors que je vante ainſi
Celle qui ſur mon cœur a le pouvoir ſupreſme.

C'eſt une impieté de me croire menteur ;
Sçachez que par ma voix , Amour le dit luy-
      meſme ,
Et qu'un Dieu ne peut eſtre ignorant ny menteur.

SONNET.

SEuL objet de mes yeux dont mon ame eſt ravie,
A combien de malheurs me dois-je preparer ,
Puiſqu'aucune raiſon ne ſçauroit moderer
Voſtre extrême rigueur , ny mon extrême envie !

Depuis que vous tenez ma franchiſe aſſervie ,
Je n'ay fait jour & nuit que plaindre & ſoupirer ,
Et ſemble qne jamais je ne doive eſperer
La fin de mon tourment qu'en la fin de ma vie.

Quand j'implore voſtre ayde au fort de mes
      douleurs ,
Avecque ces diſcours accompagnez de pleurs ,
Veritables teſmoins de l'ennui qui me touche.

Si voſtre jugement n'eſt point hors de ſon lieu ,
Souvenez-vous qu'amour vous parle par ma
      bouche ,

Et qu'en me refusant vous refusez un Dieu.

SONNET,

Fait à la Semaine Sainte.

BIEN que de la beauté dont mon ame est ravie,
  La rigueur ait toûjours mon bon-heur tra-
    versé,
De quelque empeschement dont je sois menacé
L'honneur d'y parvenir m'en augmente l'envie.

  Durant ces jours de pleurs que mon Dieu me
    convie
De noyer dans son sang mon desir insensé,
Le juste repentir de l'avoir offensé
Me devroit amander le reste de ma vie.

  Mais quand le S. Esprit descend pour m'inspirer
Tant plus de cette erreur il me veut retirer,
Et tant plus sa vertu dans ses chaisnes m'attire.

  En ces divers remords dont je suis combattu
Que feray-je, Seigneur, pour appaiser ton ire,
Si mesme je t'offense en aimant la vertu ?

A son Pere Confesseur

SONNET.

PUISQUE mon cœur enclin à repentence
N'a maintenant pour vous rien de caché,
Selon le mal dont je suis entaché,
Ordonnez-moy de faire penitence.

Si méprisant voftre sainte deffense,
Je suis toûjours à l'amour attaché,
De findereze & de remors touché,
Je viens à vous declarer mon offense.

J'avois juré devant le grand Autel
De n'adorer jamais rien de mortel,
Le dernier jour que je fus à confesse.

Au Nom de Dieu, Pere, pardonnez - moy,
Puisqu'aujourd'huy je sers une déeffe,
Je ne croy pas avoir fauflé ma foy.

Pour un More

SONNET.

DE ces lieux où le chaud feiche la terre & l'onde,
De ces champs où l'Hyver ne fait jamais
pleuvoir,

Le renom d'Uranie & l'honneur de la voir,
M'ont fait conduire icy ma barque vagabonde.

C'eft la feule clarté que je connois au monde,
Seule elle fait les loix que je veux recevoir;
Ses yeux font les feuls Rois dont je crains le
        pouvoir,
Et la feule fortune où mon efpoir fe fonde.

Ils tiennent pour jamais mon deftin arrefté,
Je renonce à ces champs dont l'éternel Efté
Noircit noftre couleur de fon ardeur extrefme.

Mais qu'efpere mon ame, ou qu'eft-ce qu'elle
        craint ?
Le foleil qu'elle fuit ne brufloit que mon teint,
Et ceux qu'elle a trouvez me brufleront moi-
        mefme.

A MONSEIGNEUR LE

DUC DE GUISE

Sur la mort de Monfeigneur le

Chevalier fon frere.

SONNET.

PRINCE, l'heur de la paix, & la foudre
        des armes,
Si pour verfer des pleurs l'on rachetoit des morts;

Nous eussions fait enfler la Seine outre ses bords,
Espanchant pour ton frere un deluge de larmes.

Il est vray que ses jours sont bien-tost limitez,
Mais tel est icy bas l'âge des belles choses,
Les Destins sont jaloux de nos prosperitez,
Et laissent plus durer les chardons que les roses.

Croy-moy, donne à ton mal un sage reconfort,
Et cessant desormais de te plaindre du Sort,
Deffends à ta douleur cette perseverance.

Ou si tu veux avoir un legitime ennuy,
Soupire avec nous le malheur de la France,
Qui n'aura jamais rien qui soit pareil à luy.

SUR LA MORT

DE MONSEIGNEUR

LE CARDINAL DU PERRON

SONNET.

QUOY ! ces rares vertus dont Ariste fit voir
Des largesses des dieux sa belle ame chargée,
Quoy ! les justes regrets de la France affligée,
Ne purent à pitié les destins esmouvoir ?

Ils ont mis à tombeau ce demon de sçavoir,
Dont la terre sembloit estre au Ciel obligée,

Et sans aucun respect la Parque s'est vangée
De celuy dont le nom méprisoit son pouvoir.

Ariste favory des filles de memoire,
Fut icy bas un Dieu dont l'immortelle gloire
A merité d'avoir des vœux & des autels.

O souverains autheurs des loix inviolables,
Quelle foy maintenant vous peut croire immortels,
Puisque l'on voit la mort attaquer vos semblables?

EPITAPHE

De feuë Dame Louyse de Bueil,

Abbesse de Bon-lieu.

SONNET.

CELLE qui de ce marbre est le dernier sejour,
De la bonté du Ciel avoit eu tant de grace,
Que ne pouvant gouster aucune chose basse,
Elle estima Dieu seul digne de son amour.

Pendant qu'elle a joui de la clarté du jour,
De ce parfait Amant elle a suivy la trace,
Et toutesfois ses ans ont borné leur espace,
Que huit lustres entiers n'avoient pas fait leur tour.

Ne sois point estonné toy qui plains ce dommage,
Si Dieu qui fut l'Autheur d'un si parfait ouvrage

A

A permis que la mort l'ait si-tost abatu.

Croy que c'est un effet de sa bonté profonde,
De n'avoir point souffert qu'une telle vertu
Endurast plus long-temps les miseres du monde.

Autre Epitaphe de feu Monsieur le Comte de Charny, qui mourut de maladie, pendant le siege de Montauban.

SONNET.

TOY qui mets ton espoir aux honneurs de
    la terre,
Voy comme leur éclat se passe en peu de temps,
Qu'en vain l'homme propose, & que des plus
    contens
Le plus solide appuy n'est que paille & que verre.

Charny fils d'un guerrier, ou plutost d'un tonnerre,
Dont HENRY terraçoit l'audace des Tytans,
A trouvé dans son lit à l'âge de vingt ans,
Le trépas qu'il cherchoit aux hazards de la guerre!

De te dire, passant, quelle estoit la vertu
Dont la nature avoit son esprit revestu,
Ce n'est point sur cela que sa gloire se fonde.

Ce que je t'en dirois luy seroit de l'ennuy,
Juges-en par le soin qu'eut le Sauveur du monde
De nous l'oster si-tost pour l'appeller à luy.

BIEN que du Moulin en son livre
Semble n'avoir rien ignoré,
Le meilleur est toûjours de suivre
Le prône de nostre Curé.
Toutes ces doctrines nouvelles
Ne plaisent qu'aux folles cervelles ;
Pour moy comme une humble brebis
Je vais où mon pasteur me range,
Et n'ay jamais aimé le change
Que des femmes & des habits.

Ces Vers ont été faits à l'occasion du bouclier de la foy de Pierre du Moulin : on avoit cru que ces Vers étoient de Malherbe ; mais ils sont veritablement de Racan. M. de Gombaud y a fait une Réponse qui n'a pas beaucoup de sel.

CETTE Sainte dont tes veilles
Mettent la gloire en si haut lieu,
Fait voir deux sortes de merveilles,
Les tiennes & celles de Dieu.
Il est vray que je porte envie
A tes beaux Vers comme à sa vie :
Mais quoyque je veüille tanter
Ma foiblesse y fait resistance ;
Je ne puis non plus imiter
Tes écris que sa penitence.

M. de Racan adresse ces Vers à M. Porcheres d'Arbaud, de l'Academie Françoise, qui avoit fait un Poëme sur la Madeleine. M. Baillet ne nous dit rien de ce Poëme ; il croit qu'il suffit de sçavoir que M. de Porcheres d'Arbaud a fait quantité de Vers, comme des Pseaumes gra-

duel , & qu'il étoit grand sectateur de Malherbe. Cela est peu exact pour un homme qui paroist sçavoir quelque chose. Cependant il pouvoit apprendre des nouvelles de ce Poëme de M. de Porcheres par cette Epigramme de M. de Racan , qui est dans un Livre qu'il a peut-être leû , puis qu'il le cite plusieurs fois.

A MONSIEUR ROGER

Lieutenant Criminel à Tours pour l'avoir assisté de son conseil.

SI pour tant de plaisirs divers ,
De peine & de solicitude ,
Je ne vous donne que des Vers ,
Ne m'accusez d'ingratitude :
Les Dieux de qui vous imitez
Toutes vos belles qualitez ,
Si rares au temps où nous sommes ,
Combien qu'en diverses façons
Ils veillent pour le bien des hommes ,
Ils n'en sont payez qu'en chansons.

A la Polixene de Moliere.

EPIGRAMME

Pour mettre au commencement de son Livre.

BELLE Princesse , tu te trompes
De quitter la Cour & ses pompes
Pour rendre ton desir content :

S ij

Celuy qui t'a si bien chantée ,
Fait que l'on ne t'y vit jamais tant
Que depuis que tu l'as quittée.

MADRIGAL.

EN vain j'ay délivré la terre
De tant de Bataillons épais ,
Si dans le calme de la paix
Amour me fait toûjours la guerre :
J'ay mis fin à tous ces discords ,
Par qui la Loire en ses deux bords
Voyoit ensanglanter son onde.
O destin ! quelle injuste loy !
Je fais la paix pour tout le monde ,
Et ne puis la faire pour moy.

AUTRE MADRIGAL.

MON cœur soûpiroit sans raison
Le mal qu'enduroit ma cruelle ,
Puisqu'il perd en sa guerison
L'heur qu'il avoit d'estre auprés d'elle.
Je ne puis plus garder ses pas
De porter ailleurs ses appas :
Quoy que je fasse ou que je die ,
Voyez comme je suis traité ;
Si j'ay pleuré sa maladie ,
Je pleure aujourd'huy sa santé.

EPIGRAMME,

Pour un Diable qui danſoit au même
Ballet.

AUX DAMES.

BIEN que ma forme épouventable
Me rende à chacun redoutable,
Belle, n'en ayez point d'effroy :
Ce Dieu que vos yeux ont fait naître
A mes dépens a fait connoiſtre,
Qu'il eſt bien plus Diable que moy.

Pour mettre au commencement du
livre du Pere Garaſſe , contre
les Impies.

EPIGRAMME.

BRUTAL Eſcolier d'Epicure ,
Plus inſenſible que les morts,
Pourceau dont l'erreur ſe figure
Que tout finit avec le corps :
Quand tu vois les doctes merveilles
Qu'a fait naître en ſes longues veilles,

Ce grand ornement de nos jours :
Peux-tu croire, esprit infidelle,
Que tant d'admirables discours
Soient partis d'une ame mortelle !

Pour un Adieu

EPIGRAMME.

C'EST parler inutilement
De vous dire à ce partement
De mon regret la violence,
Mon visage triste & changé
Vous dit pour moy que le silence
Est le parler d'un affligé.

Inscription pour mettre au dessous d'un Tableau, où Alcidon est peint, tenant Daphnide entre ses bras.

ALCIDON PARLE.

DÁPHNIDE qui jadis n'avoit point de pa-
reille,
Estoit le seul objet qui plaisoit à mes yeux ;
Jupiter qui la vit l'enleva dans les Cieux,
Pour posseder tout seul cette aimable merveille,

Mais un docte pinceau la rameine icy bas,
C'est celle que tu vois que sans cesse j'adore,
Et depuis jour & nuit je la tiens en mes bras,
De crainte que ce Dieu ne la raviffe encore.

EPIGRAMME

Sur la mort du Fils de Monfieur de Termes, qui mourut un peu auparavant luy.

SI ce guerrier que nous pleurons encore,
Suit dans le Ciel fon petit Archemore,
Renouvellant ta premiere douleur,
C'est, mon ROGER, que la Bonté divine
Estima tant cette petite fleur,
Qu'elle voulut en avoir la racine.

CHANSON.

CRUEL tyran de mes defirs,
Refpect de qui la violence,
  Au plus fort de mes déplaifirs.
  Me veut obliger au filence,
  Permets qu'aux rochers feulement
Je conte les ennuis que je fouffre en aimant.

  Ces bois éternellement fourds,
  Ne font point fufpects à ma plainte :

Les échos y dorment toûjours,
Le repos y fuit la contrainte,
Les Zephirs peuvent seulement
Y souspirer le mal que je souffre en aimant.

Que sous leurs ombrages épais
Ma tristesse trouve de charmes !
Que ces lieux amis de la paix
Reçoivent doucement mes larmes !
C'est-là que je puis seulement
Me plaindre de ennnuis que je souffre en aimant.

Encore que devant Daphné,
Ma passion soit excessive,
Ce qui tient mon cœur enchaisné,
Tient aussi ma langue captive ;
Même je n'ose seulement
Y souspirer le mal que je souffre en aimant.

Tout cede au pouvoir de ses yeux,
Leurs clartez n'ont point de pareilles;
L'Auteur de la Terre & des Cieux
N'admire qu'en eux ses merveilles :
Aussi sa beauté seulement
Est digne des ennuis que je souffre en aimant.

Si la fortune quelque jour
Exauce ma juste requeste,
Et fait triompher mon amour
De cette penible Conqueste,
Alors aux rochers seulement,
Je diray les douceurs que l'on goûte en aimant.

AUTRE

AUTRE CHANSON.

SOmbre demeure du silence,
Vallons dont les antres secrets
Sçavent quelle est la violence
De mes pitoyables regrets :
Permettez qu'en mourant je soûpire un martyre,
Que je ne sçaurois taire, & que je n'ose dire.

Durant les ardeurs insensées,
Dont n'aguere j'étois bruslé
Vous sçavez bien que mes pensées
Ne vous ont jamais rien celé :
Souffrez donc qu'en mourant je soûpire un martyre,
Que je ne sçaurois taire, & que je n'ose dire.

Quand libre de soins & de peine
Je possedois ma liberté,
Les yeux d'une belle inhumaine
M'ont remis en captivité :
Et je suis maintenant affligé d'un martyre,
Que je ne sçaurois taire, & que je n'ose dire.

Du doux poison qu'ils m'ont fait boire,
Je languis la nuit & le jour ;
Je ne sçay lequel je dois croire,
Ou mon devoir ou mon amour :
Leurs conseils differents nourrissent mon martyre,
L'un m'enjoint de le taire, & l'autre de le dire.

Devant cette belle homicide,
Combien que la discretion

T

Tâche de retenir en bride
L'ardeur de mon affection :
L'on voit bien à mes yeux d'où me vient le martyre,
Que je ne sçaurois taire, & que je n'ose dire.

Mon cœur qui soûpire sans cesse
Les ennuis dont il est touché,
Insensiblement luy confesse
Ce que ma voix luy tient caché ;
Tous deux diversement souffrent en ce martyre,
L'un ne luy peut celer, l'autre ne luy peut dire.

Pour un Marinier.

DEssus la mer de Cypre où souvent il arrive
Que les meilleurs Nochers se perdent dés la
rive,
J'ay navigué la nuit plus de fois que le jour :
La beauté d'Uranie est mon Pole & mon Phare,
Et dans quelque tourmente où ma barque s'égare,
Je n'invoque jamais d'autre Dieu que l'Amour.

Souvent à la mercy des funestes Pleyades,
Ce Pilote sans peur m'a conduit en des rades
Où jamais les vaisseaux ne s'estoient hazardez,
Et sans faire le vain, ceux qui m'entendront dire
De quel art cet enfant a guidé mon navire,
Ne l'accuseront plus d'avoir les yeux bandez.

Il n'est point de broüillards que ses feux n'es-
claircissent,
Par ses enchantemens les vagues s'adoucissent.
La mer se fait d'azur & le Ciel de saphirs,

Et devant la beauté dont j'adore l'image,
En faveur du Printemps qui luit en son visage,
Les plus fiers Aquilons se changent en zephirs.

Mais bien que dans ses yeux l'amour prenne
  ses charmes,
Qu'il y mette ses feux, qu'il y forge ses armes,
Et qu'il ait establay son empire en ce lieu,
Toutesfois sa grandeur leur rend obeïssance,
Sur cette ame de glace il n'a point de puissance,
Et seulement contre elle il cesse d'estre Dieu.

Je sçay bien que ma nef y doit faire naufrage,
Ma science m'aprend à predire l'orage,
Je connois le rocher qu'elle cache en son sein :
Mais plus j'y voy de morts, & moins je m'epouvante;
Je me trahis moy-mesme, & l'art dont je me vante,
Pour l'honneur de perir en un si beau dessein.

LA NUIT
AUX DAMES.
Pour un Ballet.

Jusqu'à quand, ô Soleils de la terre
    Me ferez-vous la guerre ?
  Qu'ay-je commis contre vostre beauté ?
Je renferme le jour dedans mes voiles sombres;
Pour vous faire jouïr en pleine liberté
Des plaisirs que l'amour recelle dans mes ombres.

Chassez plustost ce fascheux luminaire,
    Dont la route ordinaire

Nuit tous les jours à vos contentemens,
C'est celuy qui vous rend de si mauvais offices,
Et qui vous vient ravir des bras de vos amans,
Lorsque vous rendez l'ame au milieu des delices.

Déja vos yeux qui dissipent sa flâme
L'ont taché d'un tel blasme,
Que l'Ocean ne l'en sçauroit laver,
Et cet Astre déja se fust banny du monde
Si pour cacher sa honte il avoit peu trouver
D'assez noire demeure aux abysmes de l'onde.

Poursuivez donc sa lumiere importune,
Et faites que Neptune
Au lieu de lit luy serve de tombeau,
Ce vous est peu d'honneur de destruire mes voiles,
Monstrez vostre pouvoir contre ce grand flambeau,
Et luy faites l'affront qu'il fait à mes estoilles.

POUR UN CAPITAN

qui dansoit au mesme Ballet.

ENfin las d'employer la force de mes mains
A punir icy bas l'audace des humains,
Contre le Firmament j'ay planté l'escalade,
Pour tirer la raison de la mort d'Encelade ;
Les Astres effroyez tremblerent sous mes pas :
Et n'estoit que les Dieux sont exempts du trépas,
Leur Olympe aujourd'huy seroit un cimetiere :
Mais combien que je sois en tous lieux triomphant,
Les yeux d'une Deesse aussi belle que fiere,
Font que je suis vaincu par la main d'un enfant.

Fin des Epigrammes.

HARANGUE

prononcée en l'Academie,
le 9. Iuillet 1635.

MESSIEURS,

En ce difcours que je fais par vôtre commandement, & dont je n'attends autre gloire que de vous fçavoir obeïr, mes deffauts me doivent tenir lieu de merites; plus je feray jugé incapable d'une fi grande action, plus mon obeïffance doit eftre eftimée, & la refolution que je prends de m'embarquer fur un nouvel O-cean, fans la connoiffance de la Carte & de la bouffolle.

Je fçay, MESSIEURS, que ces mefmes complimens, ou de fort femblables, fe font déja faits plufieurs

fois en cette Compagnie, & que ceux
mefme qui ont plus de droit de pretendre à la gloire de l'Eloquence, me
veulent encores envier celle de l'humi-
lité; mais chacun fçait l'injuftice qu'ils
me font, de vouloir prendre pour eux,
ce qui n'eft propre qu'à moy; mon
ignorance eft auffi connuë que mon
nom, & s'il m'eft échappé quelques
mefchants Vers qui ayent duré jufqu'à prefent, vous pouvez bien juger à leur langueur & à leur foiblefe,
que ce font enfans avortez qui ne vivent que pour leur honte, & qui euf-
fent efté plus heureux de mourir en
naiffant; l'on n'y voit rien d'achevé
& où il n'y ait quelque chofe à defi-
rer, la rime & la raifon y font en une
perpetuelle guerre, & s'ils y compa-
tiffent quelquefois enfemble, c'eft une
merveille où la fortune a plus de part
que moy; auffi je les compare à ces
Jeux de la Nature, qui quelquefois
dans les jafpes & dans les cailloux,

commence des figures à peine con-
noiſſables d'arbres, de portiques ou
d'animaux, à qui le ſeul art du Pein-
tre peut achever de donner la perfection & la forme.

Toutefois, MESSIEURS, je commence un peu à retrancher de la mau-
vaiſe opinion que j'avois de moy-meſme, depuis que vous m'avez fait l'honneur de me recevoir en voſtre Compagnie, & penſe qu'il n'y auroit pas
moins de preſomption de m'imaginer
que vous m'ayez fait faveur que juſti-
ce : ceux qui ſont d'une condition plus
relevée, & qui ont entre leurs mains le
pouvoir d'obliger & de nuire, ont ſujet de ſemeſſier de la gloire de quelque
part qu'elle leur vienne, fuſſe de la bouche des Roys & des Philoſophes; mais
quand à moy, ma fortune n'a point
aſſez d'appas pour m'avoir acquis de ſi
illuſtres flatteurs; je veux doncques
croire que vous avez donné à la nouveauté ce qui n'eſt deub qu'à l'excel-

T iiij

lence ; cela vous a semblé si peu commun, de voir des livres de la façon d'un homme qui à peine sçavoit assembler des lettres, que tout y passe pour rareté, & vous y avez, je m'asseure, remarqué des graces que vous eussiez appelées des deffauts ailleurs.

Si cela est, Messieurs, je veux desormais faire ma principale gloire de mon ignorance, comme Diogene faisoit de sa pauvreré, & mettre les sciences au rang de ces richesses superfluës, qui n'adjoustent rien au souverain bien de nostre vie ; & à l'exemple de ces Amoureux, qui aprés une longue & inutile recherche, se vengent par le mépris de la cruauté de leurs Maistresses : je me veux vanger de ces ingrattes beautez, qui ne m'ont seulement jamais voulu permettre de voir leurs moindres appas, & qu'à peine j'ay eu la liberté de desirer.

Peut-estre qu'en médisant des sciences devant vous, Messieurs, qui

les avez toûjours cheries & poſſedées ſi
abſolument , je me vengeray en meſme temps de la tyrannie que vous me
faites , de m'avoir deſarmé de la rime
& de la cadance des vers , dont je fai-
ſois ma principale force ; je ſçay bien ,
Messieurs , que vous direz , que
je ne puis parler des ſciences que comme les aveugles nais font du Soleil &
de la lumiere , dont ils n'ont que des
doutes & des conjectures ; mais
peut - eſtre aurez - vous aſſez de curio-
ſité pour deſirer de voir juſques où
je pourray aller à taſtons dans un la-
byrinthe où je me vais égarer dés l'entrée. Il eſt neantmoins tres-certain que
ſans le peché du premier Homme ,
nous naiſſions tous ſçavans des Arts &
des Sciences neceſſaires pour noſtre
conſervation ; nous euſſions jouy d'un
perpetuel Printemps , & n'euſſions
point eu de beſoin d'autres demeures ,
que de celles qui nous eſtoient pre-
parées dans les bois & dans les caver-

nes, pour nous garantir de injures de l'air.

La Nature en tout temps nous euſt produit ſans ſoins & ſans labeur les biens qui nous ſont neceſſaires ; & le fer n'euſt eſté employé qu'à moiſſonner ſes liberalitez.

La terre euſt eſté un aſſez grand & aſſez riche heritage à tous ſes Enfans, ils ne ſe fuſſent point travaillez à la partager & à meſurer ſa ſuperficie.

Les threſors qu'elle nous cache dans ſes entrailles nous euſſent eſté auſſi inconnus qu'ils nous ſont inutiles, & l'avarice ne nous euſt jamais enſeigné à les debiter au poids & au nombre.

Les loix ne fuſſent point venuës au ſecours de l'innocence, pour la deffendre de l'oppreſſion & de l'artifice des méchans.

Les hommes en une perpetuelle ſanté n'euſſent point cherché la proprieté des ſimples & des mineraux, pour reparer les imperfections de la vieilleſſe & de leurs débauches.

Dieu nous euſt découvert ſes ſecrets les plus cachez , & nos ſens euſſent eſté les ſeuls maiſtres qui nous euſſent appris la foy que nous devons croire.

Mais depuis qu'il nous eut delaiſſé, le Ciel & la Terre conjurerent noſtre perte ; nos propres paſſions nous firent la guerre ; plus la nature nous fut avare des choſes neceſſaires , plus nous fuſmes affamez des ſuperfluës. La vanité ſe meſla parmy les ſciences , qui auparavant n'avoient eſté inventées que pour le ſecours de noſtre entendement & de nos neceſſitez ; aux utiles on y adjouta les curieuſes.

L'Architecture qui n'avoit point encore de nom , & qui ne ſe ſervoit que de gaſons & de chauſme , trouva l'art de fendre les rochers, de tailler les marbres, d'écarer les cheſnes & les ſapins, & éleva ces divers ordres de colomnes Doriques , Ioniques & Corinthiennes ,

que le luxe inventa pour braver la fim-
plicité des premiers fiecles.

L'Agriculture qui n'eftoit occupée
que pour nos neceffitez, fe voulut
mefler de nos plaifirs, & pour fe rendre plus agreable & plus domeftique,
elle vint dans nos jardins & dans nos
vergers imiter la peinture & la brode-
rie, & forcer la nature des plantes &
des climats.

Pour comble de temerité, la Geometrie s'efforça par cette mefme proportion d'angles & de coftez dont elle
avoit mefuré la terre, de connoiftre
la diftance & l'élevation des Aftres;
comme s'il y avoit icy bas quelque
chofe de proportionné à ces grandeurs
infinies, & qui fe puiffe comparer à
ce triangle imaginaire, dont la ba-
fe contient l'efpace qu'il y a de nous à
noftre horifon : auffi l'Arithmetique
fe mit de la partie, & jugea bien
qu'elle avoit befoin d'eftre fecouruë en
un fi grand deffein ; elle entreprit de

fupputer les divers mouvemens des Cieux, auparavant que d'eftre d'accord avec Galilée, fi ce font eux ou la terre qui tourne, fi elle n'eft point une des Eftoilles, fi le Soleil leur porte la lumiere, ou s'il attend fans fe mouvoir dans le centre de l'univers, comme un Roy dans fon Throfne, que fes fujets la viennent prendre de luy.

Et neantmoins de toutes ces chofes que nous ignorons, & dont on ne voit qu'une diverfité d'opinions efgalement ridicules, il s'en eft fait une fcience d'Aftrologie judiciaire, plus inutile & plus vaine que toutes les autres enfemble, jufqu'à s'eftre imaginée de fçavoir lire dans un livre dont l'on ne connoift pas les lettres, & de pouvoir déchifrer dans les Aftres comme dans des caracteres, les fecrets de l'advenir dont Dieu s'eft refervé la connoiffance.

L'on a mefme effayé avec des mains mortelles, d'imiter les œuvres éter-

nelles du Createur, & de trouver un
mouvement perpetuel comme celuy
des Cieux.

Mais que dirons-nous de la Juris-
prudence, qui au lieu d'esteindre les
procez les a multipliez ; plus elle s'est
efforcée par de nouvelles loix d'esclair-
cir les anciennes, & plus l'artifice de
la chicanne y a trouvé de diverses ex-
plications.

Cette opinion trop generalement
receuë, que par tout où il y a de la difficulté il y a de la gloire, a fait croire
qu'il y avoit mesme des crimes glorieux, & que tout l'honneur des tri-
omphes n'estoit pas si entierement
deub à ceux qui surmontent les hommes par les armes, qu'il n'en reste
quelque part à les sçavoir vaincre par
l'artifice & par les ruses : de là vient
que la prudence a degeneré en finesse,
ou plustost il s'en est fait une vertu
nouvelle inconnuë de nos premiers
Peres.

Ce mefme defir de chercher la Gloire dans la difficulté, a produit en la
Medecine les deffauts que nous y re-
marquons; la plufpart de ceux qui l'e-
xercent ont efté fi charitables, qu'ils
ont eu plus de foin de guerir les autres, que de fe guerir eux mefmes de
la vanité, qui a troublé avec eux toute
l'œconomie de la nature.

Ils n'ont pas creu acquerir affez
d'honneur de fe fervir des premiers
remedes que leur Climat leur produit,
ils ont voulu tefmoigner que leur connoiffance s'eftendoit bien plus loing,
& les trois parties de la Terre defcrites
par Ptolomée, n'ont pas efte affez
grandes ny affez fertiles à leur gré;
fi Ameriq n'en euft defcouvert une
quatriefme, la pratique de leur fcience
fuft demeurée imparfaite : Il a doncques fallu traverfer les mers, & chercher foubs un autre Ciel de nouveaux
fimples, qui nous font auffi peu naturels que ceux de Norveque aux Mo-

res d'Affrique ; Encor n'en font-ils pas
demeurez là , car aprés avoir eſſayé
d'apreſter les poiſons à noſtre uſage ,
les Chimiſtes ſe ſont imaginez de pouvoir trouver un feu temperé d'humi-
dité , qui en conſervant les germes de
la Nature , avançaſt ſa conception , &
la rendiſt en un an plus parfaite qu'elle
n'eſt en mille.

La Theologie bien que la plus pure
& la plus parfaite , ne s'eſt pas pû e-
xempter de ce poiſon de vanité ; cet
amour des choſes nouvelles qui nous
fait preferer les tulipes aux roſes , qui
nous fait laſſer d'une trop longue Paix ,
& blaſmer les Gouvernemens les plus
doux & les plus legitimes , qui nous
feroit meſme trouver la lumiere en-
nuyeuſe , ſi nous vivions en ces Climats où elle dure ſix mois ſans inter-
miſſion ; Cette paſſion diſ-je toute vaine qu'elle eſt , a fait deſirer du changement aux choſes les plus fermes &
les plus parfaites , & croire que l'é-
ternité

ternité de la Religion ne la deffendoit pas des deffauts & des rides de la vieillesse. C'est ce qui a donné la hardiesse à ces esprits plus desireux de grande que de bonne renommée, d'éterniser leur nom dans la subtilité de leurs nouvelles opinions, qui ont infecté toute l'Europe de blasphemes & d'heresies.

Il se pourroit remarquer encore plusieurs deffauts que la vanité à produit dans les sciences ; mais le plus grand de tous vient, à mon advis, de ce que nous les estimons parce que nous les acquerons avec peine, plus que ce qui nous est propre & naturel ; & comme des habits qui au commencement ne furent pris que pour cacher nostre honte, sont aujourd'huy nos principaux ornemens, de mesme nous faisons gloire des sciences qui n'ont esté inventées que pour secourir nostre foiblesse : & neantmoins il est tres certain que plus nous sommes sçavans, plus nous avons des marques de l'infamie

V

de noftre defobeiffance ; & au contraire plus nous agiffons par noftre
feule raifon , plus nous raprochons de
ce premier eftre parfait dont nous fommes defcheus.

Cette vertu heroïque qui n'eft prefque que dans les idées , non plus que
le poinct indivifible de la Geometrie,
ne s'eft jamais fait voir en toute l'antiquité fi approchante de ce que nous
la concevons , que dans le courage
& la probité des Anciens Romains.

Encore qu'ils vefcufent dans les tenebres de l'Idolatrie , & qu'ils ne fceuf-
fent point comme nous , quelle a efté
noftre premiere gloire & noftre premiere honte , & ne puffent avoir aucun
reffentiment du bien que nous avons
perdu ; neantmoins ils eftimoient toute autre fcience indigne de leur grandeur , horfmis celles qui leur apre-
noient à donner la Paix à leur Eftat,
& des loix à tout le refte du monde :
à peine fçavoient-ils affez de nombre

pour compter les Royaumes qu'ils possedoient, & ne se sont point travaillez à mesurer la Terre, pource qu'ils ne la vouloient partager avec personne.

Les Arts que nous appellons mechaniques qui sont sans doubte les plus necessaires, estoient ceux qu'ils méprisoient le moins, & n'estoient pas si honteux que l'on leur trouvast en main une Charruë, qu'un Astrolabe : Ils ne pouvoient pourtant pas ignorer qu'il y a quelque science dont on ne se peut passer ; mais leur principal soin n'estoit pas tant de les sçavoir, comme de se rendre Maistres du pays où elles s'enseignoient, afin de les faire exercer par leurs esclaves ; & pour celles qui n'apportent aucun profit, si quelquefois ils se sont pleus à considerer la subtilité de leurs inventions, c'estoit aux heures inutiles, pour relascher un peu de leur trop dure severité, & crois qu'ils eussent mis les

Aſtrologues , les Alchimiſtes & les Comediens en meſme rang.

En effet , s'il y a quelque choſe qui s'appelle ſcience , qui merite d'eſtre eſtimée & recherchée avec ſoin , c'eſt l'Eloquence , comme la ſeule qui nous apprend à joindre enſemble la raiſon & la parole , qui ſont les deux avantages les plus viſibles que nous avons ſur les autres animaux , & qui nous font recognoiſtre par deſſus tous , pour eſtre les vivantes images de noſtre Createur : C'eſt par elle que l'on a chaſſé la barbarie , que l'on a mis le Sceptre en la main des Roys , & que les vaincus ont beny les armes des conquerans ; c'eſt elle ſeule qui ſçait regner ſur les affections , & qui a achevé de ſurmonter ce qui eſtoit demeuré invincible aux armes des Ceſars & des Alexandres ; qui a fait preferer la pauvreté aux richeſſes , les jeuſnes aux feſtins ; qui a fait trouver des delices dans les gehennes , dans les flammes ,

& dans la mort mefme.

Mais ce n'eft pas dans les efcholes que l'on apprend cette éloquence, la facilité d'exprimer nos penfées par nos paroles ; c'eft peut-eftre la feule que Dieu nous a laiffée, de toutes les facultez naturelles que nous poffedions auparavant noftre peché, & nous fommes ingrats de le vouloir tenir de la fcience pluftoft que de fa bonté : pour moy je ne puis fouftrir l'infolence de ces Docteurs, qui pour avoir inventé trois ou quatre mots barbares, fe vantent d'avoir trouvé autant de fciences, & ont fait une Grammaire, une Logique, & une Rhetorique, des chofes les plus communes que nous avons pratiquées dés le berceau, dix ans auparavant que d'en fçavoir le nom : fi l'on ne s'oppofe à cette tyrannie, ils reduiront encore en art le pleurer & le rire, ils les diviferont en plufieurs parties comme ils ont fait noftre langage, & l'on ne pourra plus rire à propos à leur gré , que par regles & par figures.

- Je suis pourtant contraint de confes-ser , & l'experience me l'aprend , depuis que l'on m'a fait l'honneur de me souf-frir en la compagnie de ces grands Genies qui sont icy , que la connois-sance des langues estrangeres leur don-ne un grand avantage sur moy , & sur tous ceux qui ne sçavent que celle de leur mere & de leur nourrice ; mais ce qui leur est un ornement , est une char-ge aux esprits mediocres qui n'ont ja-mais hanté que les Colleges ; ils font un si grand mépris de nostre langue , qu'ils ne pensent pas qu'il s'y puisse rien faire de raisonnable: Ils ne crai-gnent point d'appeller divin & in-comparable le plus fin galimatias de Pindare & de Perse , & se contentent d'appeler agreable & joly les vers mi-raculeux de Bertault & de Malherbe. Cela est cause qu'ils prennent indiffe-remment tout ce qu'ils trouvent dans

les Latins & dans les Grecs ; & si par
hazard il leur tombe en main quelque bonne pensée de Virgile ou d'O-
race, on voit bien que cela ne leur
est pas propre, ils s'en servent de si
mauvaise grace, & avec autant de foiblesse, que Patrocle faisoit des armes
d'Achille.

Ce n'est pas que je pense qu'il faille
tout à fait retrancher l'imitation de
nostre éloquence; je sçay bien qu'il
ne se peut rien dire qui n'ait esté dit,
que nous nous servons des mesmes
mots & des mesmes phrases dont A-
miot & Montaigne se sont servis; La
terre ne produit point de nouvelles
fleurs, ny le Ciel de nouvelles estoilles ; & s'il se fait de nouvelles influen-
ces, c'est par les diverses rencontres des
mesmes Astres qui ont esclairé nos
grands Peres, & qui esclaireront les
enfans de nos enfans ; Je crois doncques que l'on peut prendre les pensées de ceux qui nous ont precedez,

comme ils ont pris celles de ceux qui ont escrit devant eux. Mais je fais cette difference entre les miserables Copistes, & les excellens Imitateurs, qu'il y a entre les petits larrons & les grands Conquerans : les premiers ne peuvent qu'avec honte & crainte se parer de leur larcin, au lieu que les autres triomphent de leurs conquestes plusieurs siecles aprés leur mort, & les conservent avec tant de gloire, qu'ils effacent à jamais la memoire des legitimes possesseurs.

Le champ des Muses est ouvert à tout le monde ; mais peu de gens y sçavent tirer le bon grain d'avec l'yvroye, & la plufpart n'en rapportent que de la paille sans espy ; c'est le jugement qui sçait faire le choix des bonnes choses, soit qu'elles nous soient propres ou empruntées ; c'est celuy qui sçait discerner la gravité de l'obscurité, la naifveté de la foiblesse, & la beauté naturelle d'avec le fard.

Mais

Mais ce jugement dont la nature nous donne les premieres semences, ne se cultive point ailleurs que dans la conversation des excellens hommes, comme sont tous ceux de cette Compagnie (si j'en estois hors.) Ce sera icy que l'on achevera de donner à la France ce qu'il y manquoit, pour luy faire autant surmonter les autres Nations aux actions de l'esprit, comme elle fait aux actions de courage : ce sera par vous, MESSIEURS, qu'elle verra pratiquer entierement cette vertu, dont nostre Roy porte si legitimement le nom ; jusques à present il avoit seulement exercé sa justice à chastier les rebelles, & à recompenser cette fidelité mercenaire, qui se contente des charges & des tresors ; mais il manquoit de recompense pour notre grand Cardinal, tous les honneurs & toutes les richesses de son Empire & de ses conquestes estoient au dessous d'une vertu qui ne cherche point de prix

X

hors d'elle-mefme. Ce fera par vos
ouvrages qu'elle fera recompenfé e en
dépit qu'elle en ait , & que la Pofterité verra quels ont efté fes genereux
confeils , qui fur les ruynes de la re-
bellion & de l'herefie , ont reftably
l'autorité Souveraine en fa premiere
fplendeur ; de quel courage il s'eft op-
pofé à la tyrannie qui menaçoit la liberté de l'Europe , de quelle prudence
il nous a fceu conferver en paix au
milieu de l'embrazement univerfel de
l'Univers , & qu'à luy feul eftoit refervé la gloire de redonner à l'Eftat
fes anciennes bornes & fon ancienne
puiffance.

F I N.

LETTRE
DE MONSIEUR
DE RACAN,
A MESSIEURS
DE L'ACADEMIE
FRANCOISE.

MESSIEURS,

Si j'avois defiré de la faveur au jugement que l'on fera de mes ouvrages,
je les aurois adreffez à quelqu'une de
ces grandes Puiffances qui difpofent
de nos biens & de nos vies, de qui

les volontez font nos loix , & l'exemple les regles de noftre langage , & qui peuvent auffi facilement faire enterriner des graces dans l'Academie , pour les fautes de Grammaire & de Rhetorique , comme ils font dans les Parlemens pour les crimes d'Eftat.

Mais , MESSIEURS , reconnoiffant que toutes mes actions auffi bien que mes paroles , font plus dignes de blafme que de loüiange , & qu'il me fera plus utile d'eftre corrigé qu'excufé; j'ay creu que je ne pouvois mieux addreffer les Vers que j'entreprends fur les Pfeaumes de David , qu'à ceux qui par leur merite fe font acquis le pouvoir d'en juger fouverainement , & qui n'ignorent rien de toutes les chofes qui font agreables dans le grand monde que l'art de la flatterie.

Je vous confeffe MESSIEURS , que je m'étois fi peu fatisfait en cet exercice , que j'avois refolu de ne plus fervir les Mufes que pour le confeil;

mais M. l'Abbé de Raimefort, de qui
la clarté du jùgement penetre en toutes les belles fciences, & qui aprés
avoir paffé la plus grande partie de fa
vie dans les tempeftes du monde, eft
venu prendre terre en noftre voifina-
ge, m'a redonné le courage que j'a-
vois perdu, & m'a fait croire que j'a-
vois affez de force en mon élocution
pour fouftenir la langueur de ma vieilleffe. Et en effet, MESSIEURS, je fuis
deformais comme ces vieilles beautez, qui ayant perdu toutes les graces
de la nature & de la jeuneffe, font reduites à payer dans les Compagnies
de la gravité de leur mine, & de l'a-
gréement de leurs paroles.

Cette connoiffance que j'ay de mes
deffauts, m'a fait choifir cette façon
d'écrire fur les Pfeaumes de David,
où je trouve la matiere que la fterilité
de mon efprit ne me peut maintenant
produire, & un fujet pieux plus con-
venable à mon âge que les paffions

de l'amour, pour qui ma jeuneſſe s'eſt trop eſtenduë au delà de ſes bornes. Si j'euſſe ſceu plûtoſt ce que j'ay appris depuis quinze jours, que M. l'Eveſque de Grace les a tous faits, je ne m'y fuſſe jamais embarqué. Cette nouvelle m'a penſé faire regagner le port dés la rade, & ſupprimer ce peu que j'en avois fait, & j'ay encore eſté bien plus refroidy de m'y engager plus avant quand je les ay veus ſi achevez, qu'il ne s'y peut rien adjouſter pour les rende parfaits, ſelon le deſſein qu'il a pris de ne quitter jamais le ſens de David ; Et toutefois, comme il y a pluſieurs degrez de perfection, ſi vous me donnez la permiſſion d'en juger, je vous diray avec ma franchiſe ordinaire, que je crois que ceux où il s'eſt égayé dans la Paraphraſe, ſeront auſſi agreables aux ignorans, dont je ſuis du nombre, qui ne les peuvent voir qu'en François, que ceux où il s'eſt reſtraint dans les regles eſtroites de la Verſion, ſeront admirez des Gens de Lettres. Ce raiſonnement que j'ay fait ſur la lecture de ces excellentes Paraphraſes, & ce qu'il a dit dans ſa Preface, qu'il ne les a entrepris que pour les mettre en la place des chanſons profanes qui ſervent d'entretien à la jeuneſſe de la Cour, m'a fait chercher les moyens de contribuer ce que je puis à cette pieuſe intention, & je n'en ay point jugé de meilleur pour les rendre agreables aux Dames & aux Perſonnes polies du beau monde, que de les accommoder le plus que je pourray au temps preſent.

C'eſt pourquoy, Messieurs, ſi vous y rencontrez quelques fautes en la Geographie, ou en la Chronologie, je vous demande cette grace, de ne les point reprendre en detail, que vous n'ayez jugé en general de mon deſſein, qui eſt d'expliquer les matieres & les penſées de David par les cho-

ses les plus connuës & les plus fami-
lieres du siecle & du païs où nous
sommes, afin qu'elles fassent une plus
forte impression dans les esprits de la
Cour; & si quelquefois je m'y suis li-
centié d'en écrire les vices, je veux
croire que ceux qui en sont entachez
auront assez de prudence pour n'en
pas témoigner leurs ressentimens, de
crainte de faire éclatter les deffauts
qu'ils nous veulent tenir cachez. Vous
pourrez juger de mon dessein si vous
prenez la peine de lire le treiziéme
Dixit insipiens, & le dix-neuviéme *Ex-*
audiat. Ce sont ceux par où j'ai commencé depuis que j'ay pris cette re-
solution. Pour le premier, vous y verrez avec estonnement, qu'au lieu de
rendre le sens d'un Pseaume de David, j'ay fait, sans y penser, une Satyre contre les vices du siecle; & pour
l'*Exaudiat*, je l'ay accommodé entierement à la personne du Roy & de
son regne, jusques à y avoir décrit

l'Artillerie, au lieu des chariots armez de faulx, dont David femble
vouloir parler au Verfet qui commence *Hi in curribus*.

Mes amis me confeilloient de les
prendre de fuite, & de ne me pas tant
éloigner du fens de David comme je
fais; en toute autre chofe leurs confeils me font des commandemens à
quoy je ne defobeïs jamais: mais en
ces ouvrages, que je n'ay entrepris
que pour me divertir, j'ay creu que
je pouvois me donner cette liberté
de commencer par ceux qui me font
les plus agreables, où je crois le mieux
reüffir, & ne me point gefner dans
les regles eftroites de la fimple Ver-
fion, ny mefme de la Paraphrafe. L'e-
xemple d'un des plus polis efprits du
dernier fiecle me doit fervir de leçon
à éviter cette contrainte, encore qu'il
m'ait autant devancé en fes autres
ouvrages comme au temps qu'il m'a
precedé; neantmoins pour avoir plus

affecté en celui-cy la qualité de bon Traducteur, que de bon Poëte, il est tombé en de si déplorables deffaillan-ces, que ceux même qui loüent sa fide-lité ont pitié de sa langueur. Tous les Sceptres de la terre joints à celui de David n'auroient jamais eu le pouvoir de me soûmetre à une si lâche servi-tude ; je me contenteray donc seule-ment de rendre ces Pseaumes un peu plus connoissables dans mes Vers, que ces Tableaux des premiers Peintres, qui ne l'estoient que par le tiltre. En-core que je n'aye aucune connoissan-ce des langues estrangeres, je ne laisse pas de juger la difficulté qu'il y a de traduire des Poëtes mot à mot ; les ornemens qu'avoit cette saincte Poë-sie en son siecle & en sa langue, sont trop éloignez du nostre & de nostre idiome, pour les y pouvoir conser-ver en leurs graces. Il n'y a point de beautez à l'espreuve des rides d'une si extrême vieillesse. Cette grande diffe-

ference de mœurs & de façon de vivre qu'il y a euë entre la Cour de
David & celle de nos Rois, y a bien
autant apporté de changement que
celle des paroles. Peut-eſtre que les
Verſets qui nous ſemblent foibles, &
que les eſprits delicats du grand monde ont peine à ſouffrir, eſtoient ceux
dont les Courtiſans de ce temps-là
faiſoient leurs delices, & la creance
que j'ay que ce ſeront les plus remarquez, me fera faire effort d'en
rendre du moins les mots, ſi je n'en
puis rendre le ſens. Si on avoit peint
la Maiſtreſſe de Philippe II. avec deux
bons yeux, & le grand Duc de Guiſe ſans
balafre, quelque approchans du naturel
qu'ils fuſſent au reſte, on auroit peine
à les reconnoiſtre dans leur portrait.
Ceux qui ſçavent ce que c'eſt de
faire des Vers, ne me donneront pas
moins de loüanges, ſi je puis marcher aſſeurément en ces mauvais pas
que les autres évitent de-peur d'y

broncher, que ſi j'avois ſouſtenu par
mes paroles les royales penſées de ce
grand Prophete. Par tout ailleurs je
me donneray quelquefois la liberté
d'adjouſter, pour l'ornement ou pour
lier les Verſets; & quand je n'en pourray entendre le ſens dans Meſſieurs
de Bourges, Laval & Guilbert, je
crois avoir auſſi-toſt fait d'y en faire
un tout neuf, que de conſulter les
gens de Lettres, qui n'ayant pour la
pluſpart l'intelligence de l'Hebreu, ne
l'entendent guere mieux dans leur Latin, que moy dans mon François.

Voila, MESSIEURS, le compte
que j'ay à vous rendre ſur le ſujet de
ce peu de Pſeaumes que je vous envoye, & que vous conſidererez ſeulement comme un échantillon pour
juger ſi je dois pourſuivre ce travail,
& ſi vous trouvez à propos que j'y
donne le reſte de ma vie, vous m'o-
bligerez d'y mettre le tiltre de me-
ditation, imitation, ou expoſition.

Je vous confesse ingenuëment que je n'en suis pas capable, & que n'ayant aucune connoissance des langues estrangeres, je ne puis sçavoir de quelle distance je me suis éloigné du sens de David. Je ne l'ay pris le plus souvent que dans Laval & Guilbert, qui les ayant déja paraphrasez, je les ay encore paraphrasez sur eux, & les eusse intitulez Paraphrase des Paraphrases, si je n'eusse point apprehendé d'avoir reprimande en vostre Compagnie de cette nouveauté. C'est pourquoy, MESSIEURS, si vous avez quelque commiseration de l'ignorance de vostre confrere, vous ferez une grande charité si vous prenez la peine de mettre l'intitulation de vostre main sur chacun de ces Pseaumes; cela augmentera les obligations que je vous ay de l'honneur que vous me faites de m'advoüer pour, MESSIEURS,

Vostre tres-humble & tres-obéissant confrere & serviteur RACAN.

RESPONSE

DE MESSIEURS

DE L'ACADEMIE

PAR M. DE CONRART
Secretaire de la Compagnie,

ONSIEUR,

L'Academie a receu avec l'estime
& la satisfaction qui est deuë à tout ce
qui vient de vous, la lettre qu'il vous
a pleu de luy écrire, & les Pseaumes
dont elle étoit accompagnée. Elle a
reconnu dans vostre Prose & dans vos
Vers, ce beau tour & ce caractere de

douceur & d'agréement, qui ont toujours esté admirez dans vos Ouvrages; & m'a ordonné de vous remer-
cier en son Nom, de la communi-
cation que vous luy avez donné de
vostre dessein. Elle ne l'aprouve pas
seulement, mais elle vous exhorte
d'en haster l'execution, puisque vous
n'en pouvez prendre un plus noble,
qui vous acquiere plus de gloire, ny
qui soit plus utile à tous ceux qui ont
de l'amour pour la pieté, & pour les
graces de nostre langue; son opinion
est, que vous y devez d'autant moins
perdre de temps, que le travail en sera long & penible, & qu'il merite que
vous ne le laissiez pas imparfait.
Et quant à vostre incertitude pour le
choix d'un titre couvenable à l'intention que vous avez d'accommoder le
sens de David aux mœurs & aux coû-
tumes de notre siecle ; la Compagnie,
après avoir examiné tous ceux que

vous luy proposez dans voftre lettre, a eftimé que vous ferez mieux d'en donner un general à tous les Pfeaumes, qu'un particulier à chacun. Elle croit que vous les pourrez mettre de cette forte : *Odes facrées dont le fujet eft pris des Pfeaumes de David, & qui font accommodées au temps prefent*, & que vous devez rendre compte dans voftre Preface, des raifons qui vous ont porté à faire cette application, & à vous donner plus de liberté qu'on n'en prend ordinairement dans les Paraphrafes. C'eft l'avis qu'elle vous peut donner fur ce fujet ; car elle n'a pas creu que vous le defiriez pour le détail de vos Vers, qui ont plus de befoin d'admiration que de cenfure, & à qui voftre bon gouft, & le confeil de quelqu'un de vos amis, peuvent donner les derniers traits, fi vous jugez qu'il y en ait quelques-uns à adjoufter. Pour mon regard, Monfieur, je

je ne dois pas finir cette lettre fans
vous témoigner la joye que j'ay que
cette occafion fe foit prefentée de
vous rendre ce petit fervice, & de
vous protefter, que fi mon bonheur
m'en offroit de vous eftre utile en
des chofes plus importantes, je m'ef-
forcerois d'en profiter. Je ne vous
parle point de l'efperance que j'ay du
fuccez de voftre entreprife; car aprés
ce que je vous viens de dire de la
part de la Compagnie dont j'ay l'honneur d'expliquer les fentimens, il ne
me refte qu'à y foufcrire. J'adjoufte-
ray donc feulement icy, qu'il y a long-
temps qu'elle n'a donné d'approbation fi entiere à aucun ouvrage, qu'elle a fait à ce commencement du voftre; & qu'elle a pour voftre perfonne, & pour les productions de voftre
efprit, une eftime & une affection toute particuliere. Faites-moy auffi la grace de croire, que bien que je fois le

moindre membre d'un corps dont
vous faites une des plus dignes parties , je n'ay pas moins de veneration
pour voftre vertu , que ceux de qui le
merite a plus de proportion avec le
voftre ; & que je fuis avec autant de
paffion que perfonne du monde ,

MONSIEUR,

*Si je croyois que Monfieur l'Abbé de
Remefort n'euft pas oublié mon nom,
je vous demanderois la permiffion de
l'affeurer icy que j'ay toujours beaucoup de refpect pour luy , & que je fuis
fon tres-humble ferviteur.*

Votre tres-humble & tres-
obéïffant ferviteur ,
CONRART.

TABLE

DES PIECES CONTENUES DANS
ces deux volumes des œuvres de M Honorat
de Büeil Chevalier Seigneur de Racan.

TOME I.

TOME II.

TABLE.

TABLE

J'AY lû par ordre de Monseigneur le Garde
des Sceaux, *les Oeuvres du sieur de Racan.* A Paris ce neuf Octobre mil sept cent vingt-deux.

LANCELOT.

PRIVILEGE DU ROY.

LOUIS par la grace de Dieu Roy de
France & de Navarre, à nos amés & feaux
Conseillers, les Gens tenans nos Cours de Par-
lement, Maîtres des Requêtes ordinaires de notre Hôtel, Grand Conseil, Prevôt de Paris,
Baillifs, Senechaux, leurs Lieutenans Civils &
autres nos Justiciers qu'il appartiendra, salut.
Notre bien amé URBAIN COUSTELIER,
Libraire à Paris, nous ayant fait remontrer qu'il
souhaiteroit faire imprimer & donner au public
un *Recueil des anciens Poëtes François contenant la
farce de Pathelin, Coquillard, Villon, Cretin, & Racan,*
s'il nous plaisoit lui en accorder nos Lettres de
Privilege sur ce necessaires. A CES CAUSES,
voulant traiter favorablement ledit Exposant,
Nous luy avons permis & permettons par ces presentes de faire imprimer ledit Recueil cy-dessus
specifié en tels volumes, formes, marges, caracteres, conjointement ou separément, & autant
defois que bon luy semblera & de le vendre, faire
vendre & debiter par tout nostre Royaume, pendant le temps de dix années consecutives, à compter du jour de la datte desdites presentes. Faisons
defenses à toutes sortes de personnes, de quelque

qualité & condition qu'elles foient, d'en introduire
d'impreſſion étrangere dans aucun lieu de noſtre
obeïſſance ; Comme auſſi à tous Libraires, Imprimeurs & autres d'imprimer, aire imprimer , vendre, faire vendre, debiter ny contrefaire ledit
Recueil cy-deſſus énoncé en tout ny en partie, ny
d'en faire aucuns extraits ſous quelque pretexte
que ce ſoit , d'augmentation , correction , changement de titre ou autrement, ſans la permiſſion
expreſſe ou par ecrit dudit Expoſant, ou de ceux
qui auront droit de luy , à peine de confiſcation
des exemplaires contrefaits , de quinze cent livres
d'amende contre chacun des contrevenans , dont
un tiers à nous , un tiers à l'Hôtel-Dieu de Paris,
l'autre tiers audit Expoſant , & de tous dépens ,
dommages & intereſts ; à la charge que ces preſentes ſeront enregiſtrées tout au long ſur le Regiſtre de la Communauté des Libraires & Imprimeurs de Paris , & ce dans trois mois de la date
d'icelles ; que l'impreſſion dudit Recueil ſera faite
dans noſtre Royaume & non ailleurs, en bon pa-
pier & en beaux caracteres , conformement aux
Reglemens de la Librairie , & qu'avant que de
l'expoſer en vente , le Manuſcrit ou Imprimé qui
aura ſervy de copie à l'impreſſion dudit Recueil
ſera remis dans le meſme eſtat où l'approbation
y aura été donné és mains de noſtre tres-cher &
feal Chevalier, Garde des Sceaux de France le
Sieur Fleuriau d'Armenonville , & qu'il en ſera
enſuite ermis deux exemplaires dans noſtre Biblio-
theque Publique, un dans celle de noſtre Chaſteau
du Louvre , & un dans celle de noſtredit tres-cher
& feal Chevalier Garde des Sceaux de France ,
le Sieur Fleuriau d'Armenonville , le tout à peine
de nullité des preſentes , du contenu deſquelles
vous mandons & enjoignons de faire joüir l'Expo-

sant ou ses ayans cause, pleinement & paisiblement
sans souffrir qu'il leur soit fait aucun trouble ou
empêchement ; Voulons que la copie desdites presentes qui sera imprimée tout au long au commencement ou à la fin dudit Recueil, soit tenuë pour
deuëment signifiée, & qu'aux copies collationnées
par l'un de nos amez & feaux Conseillers & Se-
cretaires , foy soit ajoutée comme à l'original ;
Commandons au premier nostre Huissier ou Ser-
gent de faire pour l'exécution d'icelles tous actes
requis & necessaires , sans demander autre permis-
sion & nonobstant clameur de Haro, Charte Nor-
mande & lettres à ce contraires : Car tel est nostre
plaisir. Donné à Paris le dix - huitiéme jour du
mois de Septembre l'an de grace mil sept cent
vingt deux , & de nostre Regne le huitiême.

DE S. HILAIRE.

Regiſtré , ſur le Regiſtre V. de la Communauté des
Libraires & Imprimeurs de Paris , page 209. N°. 232.
conformément aux Reglemens , & notamment à l'Arreſt
du Conſeil du 13. Aouſt 1703. A Paris ce 28. Septembre
1722. Signé , BALLARD , Syndic.